JN231368

一流になりたければ、その「色」を変えなさい。

庄島義博

きずな出版

私たち人間には、それぞれに合う色がある。
「好きな色」でも、普段「よく見る色」でもない。
あなたのパフォーマンスを最大化する色。
それを「勝ち色」と呼ぶ。

勝ち色を使いこなして、人生を変えよう。

＼各界から絶賛の声！／

昔から「赤は情熱、青は冷静」といわれています。みなさんは本当に実感しますか？本書のように試してみると、自分の身体に「合う」「合わない」色が、人それぞれにあることを体験できます。こうした感覚刺激の身体への反応を活かして、トレーニングだけではなく、日常生活全体を自分に合った形に「テーラーメイド」していくことは、誰にでもできる、そして限界だと思っていた自分の可能性をまだまだ広げる助けになりうる方法だと考えます。

「勝ち色」を含め、感覚刺激を取り入れた方法がさらに発展し、スポーツ医学、なかでもスポーツ神経学に取り入れることができる科学的な方法へと成長していくことを、期待しています。

神経内科専門医
日本体育協会公認スポーツドクター　辻本昌史

アメリカの精神分析医キュープラロスは、「色は心理状態のみならず、身体的症状まで表わす、シンボル的意味を持っている」と言っています。

私は約27年にわたり、色彩心理カウンセラーとして、言葉ではなく「色」で表現してもらう臨床を重ねてきました。色彩心理投影法という手法で、内から外へメンタルを観点にしたアプローチです。

勝ち色は逆で、外から内へフィジカルを観点にしたアプローチだと考えています。自分に「合う色」をみつけたら身体能力（パフォーマンス）がアップする。簡単で楽しく日常生活にも活かせることができるメソッドです。

みなさんの健康増進のために「色」が役立つと期待しています。「勝ち色」を自由自在に使いこなして、自分の能力を最大限に発揮できる人生に変えてください。

色彩心理カウンセラー
カラーココロジー研究所　竹村英子

＼各界から絶賛の声！／

われわれの生活空間には、さまざまな色が存在します。飲食店やデパートの各店舗では、ひとりでも多くの人に来店・購入をしてもらうために、デザインだけでなく印象に残る「色」を使って店をアピールします。決して派手な色でなくても印象に残った看板が、誰にもいくつかはあるのではないでしょうか。

人間の行動は骨格筋の収縮によっておこなわれ、発揮できる筋力は、筋のボリュームに比例しています。しかし、その発揮力は条件によって変化します。スポーツ選手は大会・試合で最高のパフォーマンスを発揮するためにトレーナーのケアを受けたり、好みの音楽を聴いたり、さまざまな方法を取り入れています。

本書のように、自分に合う色を見つけて、その色を見ることは、パフォーマンスを向上させるひとつの手段となりえると考えられます。

視覚から得られる情報は膨大であり、人間の行動に多くの影響を与えています。「勝ち色」を見つけ、その手法を取り入れることは、これまでの自分からひとつ上のステージにステップアップする可能性を高めることにつながると思います。

国士舘大学理工学部教授・博士（医学）和田匡史

Prologue—

色を変えると、人生が変わる

あなたは、いまの自分に満足していますか？

いまの自分を超えたいと思いますか？

自分のパフォーマンスをアップさせ、ワンランク上のステージに行きたいとき、あなたは何をしますか？

そう質問すると、多くの方はこう答えます。

「成功している人を参考にする」

「参考になる本を読む」

「ライフスタイルを変える」

「さらに努力する」

しかし、あらためて過去を振り返ってみてください。それを実践した結果、あなたのパフォーマンスは思い通りに上がったでしょうか？

すると、みなさん声をそろえて「ＮＯ」と答えます。

要するに、人はいままで自分がやってきたやり方を変えること自体難しく、長続きしないのです。


かつての私もそうでした。

柔道という競技において、いま以上の結果を出すため、努力はもちろん、あらゆる方法を試しては、それに見合う結果が出ないことにストレスを感じていたものです。

そして、結果が伴わないむなしさを自分のせいにし、「まだまだ自分は努力が足りない……」と、さらに自分を責めていました。

この本を手に取ってくださった人のなかにも、努力に見合う結果を出せず、自分を責め、苦しんでいる人も多いのではないでしょうか？

しかし「色とパフォーマンスの関係性」に気づいてから、私の人生は激変しました。

視界に入る色を意識しながら行動するだけで、すべてが好転し、自分が理想とする方向へ導いてくれることを実感したのです。

そして、自分のパフォーマンスを上げる色を「勝ち色」と名づけました。

人にはそれぞれ自分のパフォーマンスを上げる色があり、その色を味方にすれば、魔法にかかったかのようにあらゆるシーンで効果が現れます。

つまり勝ち色を活用すれば、これまで苦手だったことができるようになったり、「これ以上は無理……」と自分で引いていた限界ラインを、簡単に越えることができたりします。

「視界に入る色を変えるだけで、人生が変わる」……そんなの信じられない、と思う人も多いでしょう。

しかし、日々記録と戦うトップアスリートや、人々にパワーを与えるアーティスト、世界で活躍するビジネスマンたちは、すでにこの「勝ち色」の効果を実感し、それを上手に取り入れながら活躍の場を広げています。

たとえば、日々記録と戦うトップアスリートは、勝ち色を自分のスタイルに取り入れたことで自己記録を更新した、という人があとを絶ちません。

自分の限界を追及するスポーツの世界は、記録や勝敗という形で明確に結果が表れてしまいます。そんなとき、自分のパフォーマンスを上げてくれる勝ち色を利用しない手はないと、口を揃えて言ってくれます。

人々にパワーを与えるアーティストも、自己ＰＲやパフォーマンス向上のために勝ち色を上手に取り入れています。

また、世界で活躍する多くのビジネスマンも勝ち色の効果を有効活用し、自分のパフォーマンスを上げ、ワンランク上のステージへと着実に駒を進めています。

この本を手に取ってくださったあなたも、きっといままで、一流になることを目指してがんばっている方なのではないでしょうか。

ビジネス本を読んだり、自己啓発セミナーに行ったり、寝る間も惜しんで一生懸命働いたりと、これまでさまざま努力をされてきた方が多いのではと思います。

いま、その努力に見合う結果が出せていないのは、あなたの運が悪いわけでも、あなたの努力が足りないわけでもありません。

あなたに足りないのは、ただひとつ。

それは、あなたのパフォーマンスを最大限に上げてくれる色、つまり「勝ち色」なのです。

本書には、勝ち色をテストする方法が書かれています。

そして実際にそのテストをしてみると、多くの方が「いままで選んだことがない色が自分の勝ち色だった」という場合が多いようです。

なぜなら、勝ち色は「自分の好きな色」とは限らないからです。

そしてまた、「自分に似合う色」とも限らないのです。

だからこそ、自分がいままで選んだことがない色が勝ち色だったと知ると、みなさん「なるほど」と納得してくれるのです。


勝ち色のもつ効果は、あなたが出くわすさまざまなシーンで効果を発揮します。

ビジネスはもちろん、人間関係、恋愛など、あらゆるシーンであなたが進みたい方向へと自然に導いてくれます。

それはつまり、勝ち色があなたの人生を変えてくれることを意味します。


ひとつの色が、人生を変える。

そんな不思議な現象を、あなたも体感したいと思いませんか？

しかし、この本を手にしてくださったあなたは、もうすでにその準備が整ったということを証明しています。

さて、次はあなたの番です。
自分の勝ち色を知り、自分史上最高のパフォーマンスを手に入れましょう。
そして、あなたが描く理想的な未来を手に入れてください。

自分の能力が最大化する「勝ち色」とは

――「色」を変えるだけで、あなたの最強の武器となる！

Contents

「勝ち色」を取り入れた瞬間から、人生が変わる！

——色を変えることで、自分史上最大のパフォーマンスを手に入れた人たち

Contents

Chapter 3

そもそも「色」とは何なのか?

——身のまわりに溢れる「色」について、どこまで知っていますか?

Contents

あなたの「勝ち色」を見つけよう！

——自分の勝ち色を調べる具体的な方法

「勝ち色」を操り、最短で結果を出す

――色で人生を好転させる極意

Contents

企画協力　合同会社　DreamMaker
編集協力　加藤道子・山本櫻子
ブックデザイン　池上幸一
著者エージェント　アミューズ

自分の能力が最大化する「勝ち色」とは

「色」を変えるだけで、
あなたの最強の武器となる!

「なぜか調子がいい」……は、色のおかげだった

冒頭でも少し触れましたが、私は大学時代まで真剣に柔道に取り組んでいた選手でした。まず柔道衣というと、白色をイメージする人が多いと思います。

たしかに試合などでは、白い道着に片方の選手が赤い紐を、相手の選手は白い紐を締めて、赤と白でどちらが勝ったかを判定していました。

しかし、オリンピックや国際大会では、判定をわかりやすくするためにカラー柔道衣を導入したＩＪＦルール（国際柔道連盟試合審判規定）が採用されており、国内の大会以外では、柔道衣は白色に統一されなくなりました。

日本では2016年からカラー柔道衣が使用されるようになりました。いまでは青色と白色の2色に規定されていますが、国際大会でカラー柔道衣が採用された当初は、青色だけでなく、赤色や黒色の柔道衣が使用されることもありました。

そのころ、試合で対戦相手と向き合ったとき、ふと自分が強くなったような不思議な感覚を抱くことがありました。そして、そんなときは、ほとんど試合に勝つことができました。

当時の私は一戦でも多く試合に勝つことが重要であり、試合に勝つためにさまざまなことを試していました。強い選手がしている海外のトレーニングを積極的に取り入れたり、専門家が薦める食事法を試したり。

どれもそれなりに効果を感じてはいましたが、やはり試合の勝敗を分けるのは、試合の際のメンタルが大きく影響する気がしてなりませんでした。

そして、**「トレーニングや生活のルーティンは同じでも、試合の際に〝今日は調子がいいぞ。勝てる気がする〟と感じるときと、そうでないときがあるのはなぜだ? 何か違いがあるのかもしれない」**と、考えるようになったのです。

もともと確証がもてないことは信じられないという厄介な性格だったので、ただ「試合に勝った」という事実だけでは、手放しで喜ぶことができなくなっていました。

「なぜ、調子がいいと感じたのか」

その理由を突き詰めたいと思った私は、調子がいいと感じたときに共通していた物事をすべてリスト化するという作業を、徹底しておこなったのです。

そして、ある事実に気づきました。

それは「調子がいいと感じたときは、戦う選手の柔道衣が青色だった」ということでした。

そして、この気づきこそが私と「勝ち色」との出会いだったのです。

青色が自分のパフォーマンスに影響を及ぼしていると気づいてから、さまざまな実験を試してみました。そして、その気づきが「確信」に変わったのは、ベンチプレスのトレーニングをしたときでした。

ベンチプレスは、寝転んだ状態でバーベルを上げるので、視界に入るのは天井の色のみです。私のトレーニングルームの天井は白色だったのですが、青色の紙を使い、視界に入る色を青色に変えてバーベルを持ち上げてみたのです。

すると、青色が視界に入っているときに持ち上げられる重量と、白色の天井だけを見ながら持ち上げる重量に、明らかな差が出たのです。

白色の天井を見ながらでは持ち上げられなかった重量が、青色を視界に入れることで軽々と持ち上げることができる……。つまり、青色が視界に入るとパフォーマンスが上がることが「重量」という数字により証明されたのです。

この不思議な現象は何度試しても、どんな体調であれ、同じ結果となりました。

色の効果は誰にも当てはまるのか？

さらに「この不思議な現象は自分だけなのか？」という疑問を抱いた私は、同じことを友人に試してもらいました。

すると、そこでまた意外な結果が出たのです。

彼は白色でも青色でもなく、赤色が視界に入ると軽々とベンチプレスを持ち上げることができるのです。

ほかにも、赤色を見せながら腕立て伏せ、立位体前屈、腕相撲など、さまざまな方法で試してみましたが、何度やっても結果は同じ。

つまり、彼のパフォーマンスを上げるのは赤色だとわかったのです。

それ以降もさまざまな方々に協力してもらい、同じようにたくさんの色を使って試してみました。

すると「**色は違えど、誰にでも必ずパフォーマンスが上がる色がある**」という事実が導き出されたのです。

「緑色は癒やし」「赤色は勝負」といった常識は忘れよう

勝ち色の存在に気づく前は、「赤色は勝負」や「緑色は癒やし」などという、一般的な色のイメージを無意識に信じていたように思います。

しかし、試合の際に赤いものを身に着けたところで、その効果を感じることはありませんでした。

実際、みなさんがもっている色のイメージは、「**色彩療法**（しきさいりょうほう）」と呼ばれるカラーセラピーにもとづき認識されていると思います。

カラーセラピーでは、暖色系は交感神経を刺激して活動力を高めるとされ、反対に、寒色系は副交感神経を刺激して活動力を抑え、身体や心を休めるとされています。

カラーセラピーの効果は、生物学を背景に、色から受け取る抽象的なイメージがもとになっています。

しかし、その効果は万人に共通するものでしょうか？

思い起こせば、学生時代にこんな出来事がありました。

勉強が得意なYくんは、いつも赤ペンだけを使ってノートを書いていました。

それを見た私は「僕も赤ペンでノートを書くと成績が上がるかもしれない」と思い、さっそく試してみたのですが、なぜかまったく頭に入りませんでした。

そのことをYくんに話すと、

「僕は、黒や青のペンだとまったく頭に入らない。だから赤ペンを使っているんだ」

とのこと。

それ以降、私はさまざまな色のペンを使い、ノートを書いてみることにしました。

すると、青色のペンを使用したときだけ、なぜかすんなり頭に入ってくるという不思議な感覚を覚えたのです。

いま考えてみると、そのときすでに「自分のパフォーマンスを上げるのは青色」と気づいたようですが、そのときの私は「青色は自分と相性がいい色」くらいの感覚でしか認識していませんでした。

しかし、そんな些細な出来事をきっかけに、色が与えるパワーや可能性について、無意識に興味を抱くようになっていたのかもしれません。

観葉植物で、逆に癒やされなくなってしまった男

また、色のもつ作用に個人差があると気づいたのは「観葉植物が好き」という共通の趣味をもつ、対照的な2人に出会ったときでした。

Ａさんの家にはたくさんの観葉植物が置いてあります。

Ａさん自身、植物を世話するのが趣味であり、また、家のなかに植物を見ることで安らぎを感じられるそうです。Ａさんの家にある植物はどれも生き生きと育っていて、生命力が感じられます。

一方、Ｂさんの家にもたくさんの植物が置いてありますが、Ｂさんは植物を育てるのがあまり上手ではありません。新しい植物を買っては枯らしてしまう……そんなことを繰り返しています。

それでもＢさんは「観葉植物は人を癒やす」と信じ、枯らしてはまた植物を買います。しかし、実際は癒やされるどころか「また枯れてしまった」という後悔を繰り返すことで、結果的に疲れてしまっています。

この対照的な2人を見ていると、Aさんにとっての観葉植物はAさんに安らぎを与えるプラスのアイテムではありますが、Bさんにとっての観葉植物はBさん自身に負

荷をかけているアイテムであることがわかります。

つまり、一般的にいう「観葉植物（緑）は人を癒やす」ことが、万人に作用しないことを証明しています。

自分に負荷をかける色が生活スペースにあった場合、眠りが浅くなる、目覚めが悪い、体調を崩しやすいといった不調が起きやすく、生活の質が低下します。

それを知らず、Bさんのように「色の心理的効果は万人に作用する」と信じ込んでいる人も、まだまだ数多くいるようです。

あなたも、Bさんのように色のイメージに支配されていませんか?

色を選ぶとき、何を感じ、その色を選んでいますか?

「アクティブな自分をアピールしたいときは、赤色のアイテムを身に着ける」

「クールな自分を演出したいときは、青色を選ぶ」

「高級感がある黒色が好き」
「清潔感がある白色をメインにコーディネートしている」

このように、色のもつ心理的なイメージだけで色を選んでいるのだとしたら、その色がたとえ好きな色であっても、あなたのパフォーマンスを上げているとは限りません。むしろ、その色によって自分のパフォーマンスを下げている可能性もあります。

一般的な色のイメージだけを信じ込んでも、結局、その効果が表れていない人が多いのは、そういった理由があるからなのです。

色の心理的イメージ

赤 RED	情熱的、強い生命力、アクティブ、興奮、怒り、愛情
オレンジ ORANGE	親しみやすい、庶民的、陽気、元気、楽しい
茶 BROWN	落ち着き、豊穣
黄 YELLOW	明るい、快活、陽気、希望
緑 GREEN	安らぎ、穏やかさ、健康、くつろぎ
紫 PURPLE	神秘的、厳粛、高貴、優雅、不安
青 BLUE	落ち着き、静か、知的、理性、誠実
白 WHITE	純粋、清潔
グレー GRAY	落ち着き、安定、迷い
黒 BLACK	神秘、威厳、高級、自信、極限

色のもつイメージだけで、色をチョイスしていませんか?

かつて、戦国武将たちに愛された「縁起のいい色」とは

サッカー日本代表チームのユニフォームの色は「ジャパンブルー」という名前がついています。

ジャパンブルーは、日本に古くから伝わる伝統技法「藍染め」によって表現されるような、深く濃い藍色がもとになっています。

藍色は「褐色」という別名をもっていますが、褐色の語源は、色を布に深くしみこませるために、布を板で叩いたり臼でついたりして搗つことに由来しています。

褐色は、その音感から「勝色」と呼ばれていました。

そして、鎧の下に褐色をまとうと「勝負運がついて戦に勝つ」といわれ、戦国時代の武将たちに愛される「縁起のいい色」として認知されていったようです。

サッカー日本代表チームのユニフォームに採用されたジャパンブルーには、こういった意味が込められています。


しかし、私が提唱する「勝ち色」は、藍色に限った話ではなく「人は誰もが自分のパフォーマンスを最大化する特定の色がある」ということに焦点を絞っています。

パフォーマンスを発揮できないのは、色が合わないから

たとえば、こんな経験をしたことはありませんか?

「本番で本来の力を発揮できない。ここぞという場面で緊張して失敗してしまう」

「いくら勉強をしても、いざ解答用紙を目の前にすると頭が真っ白になってしまい、

覚えたはずのことが出てこなかった」

「プレゼンの際、人前に立つと急に弱腰になり、うまく話すことができなかった」

練習ではうまくいっていても、完璧に事前準備をしていても、本番になると本領を発揮できず失敗してしまう……誰もが一度は経験したことがあると思います。

しかし、こうなってしまうのはあなたの努力が足りないせいでも、本番に弱いせいでもありません。

「あなたのパフォーマンスが最大に生かされていない」だけなのです。

自分の勝ち色を知り、それを上手に取り入れることができたら、ここぞというときに、最高の力を発揮することができます。

「パーソナルカラー」と「勝ち色」はまったく違うもの

「勝ち色」はあなたのパフォーマンスを向上させる色ですが、「パーソナルカラー」ともまた違います。

パーソナルカラーとは、個人の肌の色や髪の色などの個性と調和する色のことをいい、ファッションに取り入れたり、女性であればメイクに取り入れたりすることで、個人を魅力的に演出します。

つまり、パーソナルカラーは「自分以外の他人に向けて作用するもの」です。

一方、勝ち色は「自分自身」に作用します。

勝ち色は、自分が鏡を見なければ目に入らない部分に使うのではなく、「自分の視界」に入れることが大前提です。

以前、こんな女性に出会ったことがあります。

その女性は自分のパーソナルカラー以外の色を身に着けたり、持ち歩いたりすることを避けていたそうです。なぜなら、パーソナルカラー以外は「自分には似合わない」と信じ込んでいたからです。

彼女のパーソナルカラーは「オータムタイプ」で、深みがある落ち着いた色がベースとなっているそうなのですが、本当はカラフルなパステル系のブルーが好きだといっていました。

彼女のように、パーソナルカラーが自分の好きな色ではない人も多くいますが、そのことが原因で、逆にモチベーションを下げている人も少なくありません。

いくら他人から「その服、似合っているね」といわれても、自分が身に着けたい色を我慢し、好きではない色を身に着け、それにより笑顔がなくなっているようでは魅力的とはいえません。

その点、勝ち色は自分が好きなときに、自由に取り入れることができることがメリットです。自分のパフォーマンスを発揮したいシーン以外は、あえて視界に入れる必要がありません。

つまり、日常生活のなかで「勝ち色に縛られる」ということがないのです。

勝ち色には、大きく分けて2つの効果がある

自分がパフォーマンスを発揮したいとき、勝ち色を視界に入れると筋肉の力みがほどけ、自然と身体が柔軟になり、精神的にもリラックスしている状態に導かれます。

また、背筋もピンと伸びて姿勢がよくなり、緊張した際に表れる落ち着きのない動作やこわばった表情から解放され、結果的に他人に与える印象もよくなるのです。

そして、色には「パフォーマンスを向上させる色」と「自分に負荷をかける色」が存在することも大きな特徴です。

自分に負荷をかける色とは勝ち色の対極にある色のことで、その色が視界に入ると、緊張感を煽られたり、落ち着きがなくなったりと、結果的にあなたのパフォーマンスを低下させてしまいます。

本書では、あなたのパフォーマンスをもっとも上げる色を「1COL（カラ）」と呼び、もっともパフォーマンスを低下させる色を「6COL」と呼びます。

つまり、自分の勝ち色（1COL）とその対極の色（6COL）を把握することで、自らのパフォーマンスを操ることができるのです。

1COL〜6COLの違い

パフォーマンスを上げる

1col
2col
3col
4col
5col
6col

パフォーマンスを下げる

1COLはあなたのパフォーマンスをもっとも上げてくれる色、つまり、あなたの「勝ち色」です。そして、6COLはあなたのパフォーマンスを下げ、あなたにもっとも負荷をかける色です。6COLから1COLになるにつれ、パフォーマンスがアップするという意味を表しています。

1COLの割合 (N=330)

色1col

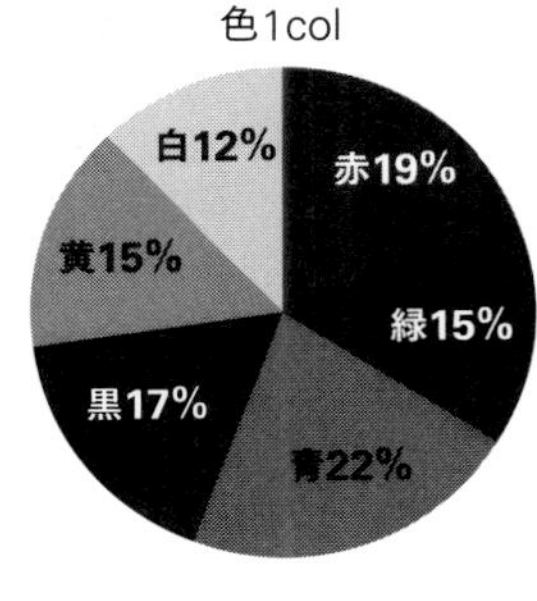

成人男女330人を対象に1COLを調べてみると、全体では青色が22パーセント、赤色が19パーセントとなりました。女性も青色がもっとも多く23パーセントとなりましたが、男性はというと、黒色が24パーセントともっとも多く、次いで緑色が23パーセントという結果になりました。

色1col(女)

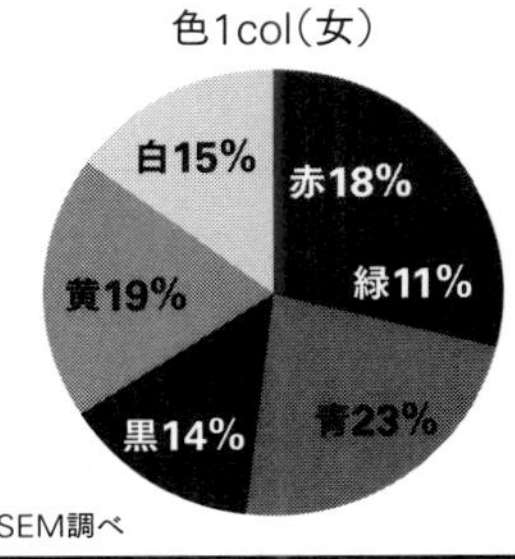

色1col(男)

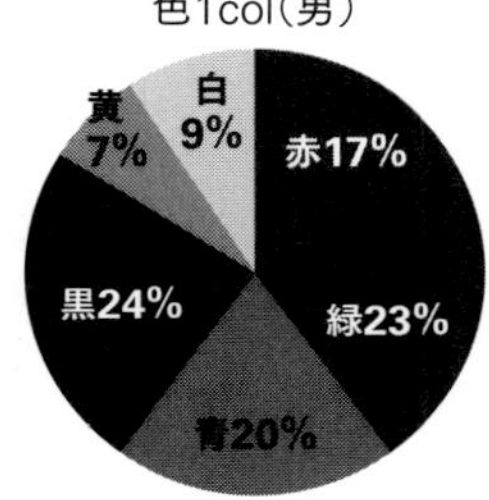

FSEM調べ

ハイパフォーマーは無意識に「勝ち色」にチューニングしている

私は現役を退いてから、さまざまな分野のアスリートたちに、勝ち色を取り入れたトレーニングを指導してきましたが、そのなかであることに気づきました。

それは「**ハイパフォーマーたちは、すでに自然と勝ち色にチューニングしている人が多い**」ということです。

勝負の世界に身を置く彼らは、自分の心身の状態に非常に敏感です。体力的なことはもちろん、ここぞという場面でメンタルの状態が勝敗を分けることもあるため、精神の鍛錬も欠かしません。彼らは、パフォーマンスを発揮できる状態を、経験値から知っています。

パフォーマンスを最大に発揮できる状態というと「力がみなぎっている状態」と思う人がいますが、じつはそうではありません。

スポーツでも仕事でも、パフォーマンスを最大に発揮するためには「集中力」と「柔軟さ」がカギとなります。

集中力が高い状態とは、ひとつの事象に雑念なく取り組める状態を指します。

そして、柔軟さは力の出力を適材適所でコントロールするために必要となります。

したがって、身体に痛みや凝りが少ないことも不可欠な要素になります。

痛みや凝りによって身体が緊張してこわばり、柔軟さがなくなると、出力がうまくコントロールできなくなるので、パフォーマンスは下がります。

つまり、パワフルでありながら同時にリラックスしている状態が、理想的といえるのです。

あの名ゴールキーパーの秘密

私が指導しているアスリートのなかには、すでに身をもってこれを知り、自分にとってベストな状態をつくり出す術をもっている選手が多くいます。

「自分の調子がよかったときはどんなコンディションだったか」「そのとき使っていたアイテムはどんなものだったか」というアンテナを常に張っているからです。

そして、そこには色が重要であることを無意識に感じとり、すでに勝ち色に自らチューニングしている人が多くいました。

つまり、トップ選手になればなるほど「あのときに調子がよかったのは、あの色のゴーグルをしていたときだった」や「調子がよかったのは、あのグローブを使っていたから」などという過去の統計をもっています。

そして、実際に自分の勝ち色を知ったときに「やっぱり、この色だよね」と笑顔を見せるのです。

以前、サッカー元日本代表のゴールキーパーK選手と話をする機会があったのですが、そのときに彼の勝ち色をテストすると、彼の1COLは「黄色」とわかりました。するとで「**なるほど! ブラジルが相手のとき、負ける気がしないと思っていたのは、そのせいか**」と笑って話してくれました。

なぜなら、ブラジルのユニフォームは黄色だからです。

K選手の場合、黄色だけでなく白色も1COLに限りなく近い色でした。すると、「じつは昔から試合中にゴールポストを見るクセがあって、よくコーチや先輩に怒られていたんです。ゴールキーパーがゴールポストを見てどうするって。

でも、白色のゴールポストを見ることでなぜか落ち着く瞬間がありました。ゴールポストを見るのは自分がいる位置を確認するという意味もありましたが、まさか勝ち色が作用しているとは知りませんでしたね」

と、納得した様子で話してくれました。

また、ヤクルトの元選手兼任監督・古田敦也氏の色を使った戦略も有名です。

一般的に、キャッチャーのミットの色は1色だけですが、古田氏は5種類のキャッチャーミットをピッチャーによって使い分けていました。

「このピッチャーには青色を使おう」「このピッチャーには赤色が効果的だ」というように、過去の統計と彼ならではのカンをもとに、それを実践していたそうです。

このように、トップ選手であればあるほど、無意識に勝ち色にチューニングし、結果を出しているということがわかります。

勝ち色の取り入れ方は、人によって異なる

私がいままで勝ち色を指導してきたアスリートは、多岐にわたります。水泳、野球、サッカー、ジョッキー、フェンシング、競輪など、あらゆる分野のアスリートたちがいますが、競技ごとに視線のばらつきがあるため、**勝ち色をどこに取り入れるかがポイントになります。**

もっとも指導するアスリートが多い水泳では、おもに勝ち色をゴーグルに取り入れています。水のなかだと視界は青一色になりますが、着色したゴーグルを介すると視界の色を変えられるからです。

サッカーや野球なら、シューズや靴下、グローブなど、競技中、なるべく自然に視界に入る箇所に取り入れるよう指導しています。

バレーボールやバスケットボールの場合は、利き腕の手首にリストバンドをして、そこに勝ち色を取り入れています。サーブやシュートを打つ瞬間、その色が視界に入ることで集中して打つことができるからです。

自然に目につく場所に、勝ち色を配置する

以前、指導したある競輪選手は、走行中に顔を下に向けることが多かったので、靴の紐に勝ち色を取り入れてみました。

するといままでの自己記録を軽々と破ることができたのです。それ以降、靴紐だけでなく、サングラス、テーピングとあらゆるアイテムを勝ち色に変えました。そして、大きな世界大会で優勝するまで成績を上げることができたのです。

また、ある有名なデュアスロンの選手から「晴れの日しか勝つことができない」と相談されたことがあります。

彼女の勝ち色を調べると、青色が1COLだとわかりました。

つまり、晴れた青い空を見るとパフォーマンスが発揮され、曇り空や雨の日だとパフォーマンスが発揮できないことが判明したのです。

彼女は「だから晴れの日はコンディションがいいんですね！　数年悩んでいた謎が解け、とてもすっきりしました」と喜んでくれました。

それ以降、彼女は曇りや雨の日におこなう競技の場では青いサングラスをかけるという工夫をし、活躍し続けています。

このように、勝ち色の取り入れ方は競技により異なります。

また、同じ競技でも視線の位置に個体差もあります。

勝ち色を上手に取り入れるには、まず一人ひとりの目線の位置を把握することが重要なのです。

そして当然ですが、これはスポーツだけに限りません。仕事でも、たとえばデスクに勝ち色を配置するように工夫するなど、さまざまな場面で応用が利くということを、覚えておいてください。

音楽の世界でも「勝ち色」が常識に

私が勝ち色の指導をしているのはアスリートに限らず、アーティストもいます。アーティストは、コンサートやライブ中、非常に体力を消耗しますが、ステージの上では途中で燃料切れする訳にはいかず、ずっと高いテンションをキープしなければいけません。緊張感も計り知れないものですが、歌の途中で歌詞が飛んでしまった、という訳にもいかないでしょう。

そんな音楽の世界でも、自分の勝ち色を取り入れながらパフォーマンスをすることが、いまや常識となっています。

以前、若い世代を中心に絶大な人気を誇るアーティストに、勝ち色を指導したときは、コンサートグッズのペンライトに勝ち色を採用しました。

なぜなら、ステージ上から客席を見たときに、視界に入る来場者のペンライトの色がアーティストを奮起させると同時に、ハイパフォーマンスをサポートすることができるからです。

ペンライトや衣装に勝ち色を取り入れられない場合は、ギターのピックや靴下、タオルなどに勝ち色を取り入れることで、パフォーマンスをアップしているアーティストもたくさんいます。

コンサート中に指が動かなくなってしまったベーシストを救った勝ち色

ここで面白い事例を紹介しましょう。

ある有名なバンドのベースを15年間担当していた、野崎森男さんという男性がいます。彼の勝ち色は青色であり、ライブのリハーサルの際は、譜面には必ず青いペンを使っていました。

そして、そんな彼の大舞台、ある超大歌手のバックミュージシャンとして参加したドームツアーの際、突然指がつって動かなくなってしまうというハプニングが起きてしまったのです。

パニックに陥りそうになった彼は、たまたま青く光るライトを見つけ、そのライトだけを数秒見続けました。

すると、不思議と指が動き、弾きはじめることができたというのです。その後も、青いライトを見つめ続けながら演奏をし、難を逃れたと話してくれました。

このように、アスリートやアーティストなどハイパフォーマーの世界では、パフォーマンスと色が関連するという考えが、常識になりつつあります。

また、ビジネスシーンにおいても、勝ち色の効果を利用した商品開発や人材育成の場が続々と増えています。

勝ち色のもつ限りない力を「ビジネスに活かしたい」という企業が、あらゆる業種を超え、広がりを見せているのです。

一方、コミュニケーションツールとして勝ち色を上手に取り入れているというビジネスマンも増えています。プレゼンや就職活動、スキルアップやライバルを出し抜くためなど、勝ち色の用途も千差万別です。

つまり、勝ち色はあらゆるシーンにおいて、あなたの人生を豊かにする「最強の武器」となるのです。

次章では、実際に勝ち色を取り入れパフォーマンスを発揮した人たちの事例を、詳しく紹介します。

「勝ち色」を取り入れた瞬間から、人生が変わる！

色を変えることで、自分史上最大の
パフォーマンスを手に入れた人たち

case 1

水泳

勝ち色のもつ効果が表れやすい「水泳」。0.01秒という世界の勝負では、「勝ち色」を取り入れているアスリートがもっとも多い競技です。

はじめて「勝ち色」を取り入れた、水泳界のトップアスリート

私が勝ち色を指導しているアスリートのなかで、もっとも多い競技が水泳です。主にゴーグルに勝ち色を取り入れることをメインとしていますが、0・01秒単位で競われる水泳は、瞬発力と持久力が勝負のカギとなりますので、勝ち色のもつ効果が顕著に出やすい競技でもあります。

私がはじめて勝ち色の指導を取り入れたアスリートは、誰もが知る水泳界のトップアスリートでした。当時の彼女は毎日厳しい練習を重ねていましたが、納得のいく記録を出すことができずにいました。

そんなとき、たまたま私の知り合いが彼女に勝ち色の話をしたところ、「面白そうだからやってみたい」と盛り上がったようで、直接彼女に会い、勝ち色の指導をする

ことになったのです。

まずは、普段練習で使っているゴーグルを使って蹴伸(けの)びをしてもらいました。するとし、彼女は蹴伸びだけで平均して20メートル進むことがわかりました。

その後、彼女に勝ち色テストをし、彼女の1COLと6COLを把握したうえで、まず1COLのゴーグルをつけ、先ほどと同じように蹴伸びをしてもらいました。するとと、軽々と22メートル以上進みました。

次に、6COLのゴーグルで試してみると、何度やっても20メートルに届きませんでした。

プールサイドで見ていたコーチが、「6COLのゴーグルだとまったく身体が浮いてない」と指摘するほど、彼女の身体がこわばっている様子が見えました。

彼女に感想を聞いてみると、

「**1COLのゴーグルだと身体がリラックスして気持ちよく進めるけど、6COLのゴーグルだと、なぜか溺れそうになる**」

とのこと。常に記録を追求している彼女は、勝ち色の即効性と再現性を目の当たりにし、驚きを隠せないようでした。

その後も「なんでだろう?」「面白い!」を連呼し、何度も試しては、自分の記録と身体の感覚を確認していました。

彼女のように、勝ち色のゴーグルに変えるだけでパフォーマンスが上がることを体感している人たちが、増え続けています。

ゴーグルを変えてわずか4か月後、ジュニアオリンピックで2位に!

幼いころから水泳をはじめたという高校生のAくんは、練習では好タイムを出すことができますが、試合になると納得のいくタイムが出せず悩んでいました。

というのも、彼は調子が安定しているときと、そうでないときの差があるようで、それが試合にも影響を及ぼしていたようです。

彼にはじめて勝ち色の指導をしたとき「ゴーグルの色を変えるだけで、タイムが上がるの?」と半信半疑の様子でした。

しかし、1COLのゴーグルに変えると「安定して好タイムが出せるようになった。常に心が安定して試合に臨むことができるようになった」と、うれしそうに話してくれました。

彼はその後もどんどん調子を上げ、インターハイの1500メートル自由形では、前年出した自己ベストを7秒も更新することができ、またジュニアオリンピックでは2位に入賞するという成績をおさめることができました。

「わずか4か月という短期間で、これほどの記録を出すことができたのは、間違いなく勝ち色のおかげです」と喜んでくれました。

自己ベストを2秒更新! さらに、その1か月後に6秒更新!

進学校に入学したBくんは、文武両道を目指し、勉強も水泳もがんばっていましたが、中学生のころから比べると練習量が減り、思うように記録を出すことができずにいました。

長いスランプに陥っている彼の勝ち色をチェックしてみると、なんと彼が昔から練習で使用しているゴーグルが6COLとわかりました。「彼の記録が停滞しているのはゴーグルのせいかもしれない」と思った私は、練習の際も1COLのゴーグルを使うよう指導しました。

すると、

「ゴーグルの色を変えただけで、どんなに疲れていても集中力が持続するようになりました。とくに練習時間が短いときこそ集中力が増し、好タイムをキープすることが可能になりました」

と話してくれました。

その後、2年ぶりに自己ベストを2秒更新し、さらにその1か月後には6秒も自己ベストを更新することができ、見事スランプを克服することができました。

最後のインターハイで自己記録を更新！

「高校最後のインターハイで結果を出すために勝ち色を知りたい」と、自らアプローチをしてきた高校生のCくん。彼の進学予定である法政大学のブログを通して勝ち色を知り、興味をもったと話してくれました。

彼の勝ち色をテストした後、6COLのゴーグルで50メートルを泳ぎ→ゴーグルを装着したまま2分休憩→再度50メートルを泳いでもらいました。

そして、その直後、同じことを1COLのゴーグルに変え、試してもらいました。すると、疲れがたまっているはずの後半（1COLのゴーグルのとき）のほうがいいタイムが出るという面白い結果となりました。

感想を聞いてみると、

「6COLのときは、途中の休憩で疲れが襲ってきて、失速するのが自分でもわかり

ました。しかし、1COLときは失速感がまったくなく、途中の休憩ではむしろエネルギーが湧いてくる感覚を覚え、最後まで疲れずに泳ぎ切ることができました」

とのこと。

プールサイドで見ていたコーチも、「フォーム自体も1COLのときのほうが断然よかった」と驚いていました。

勝ち色の効果を体感した彼は、最後のインターハイで自己ベストを更新。満足のいく結果が出せたと喜びの報告をしてくれました。

元オリンピック候補選手が感じた、1COLと6COLの強烈な違い

元オリンピック候補選手のDさんに、体幹トレーニングとTRXのトレーニングを1時間ほどおこない、歩くのがフラフラな状態で、水泳(50メートル)のタイムに挑んでもらいました。

まず、6COLのゴーグルで泳いだタイムは35・26秒。その後、すぐに1COLのゴーグルで泳いでもらうとタイムは34・98秒。つまり、疲れているはずの2回目のほうが、好タイムが出たのです。

感想を聞いてみると、

「1COLのときは、疲れているはずなのに、なぜかリラックスして泳げました。軽く流すように泳いでも、早く泳げるという不思議な感覚でした。逆に、6COLのときは、全身がこわばり重い感覚がありました」

とのこと。

オリンピックを目指していたほどの実力と鋭い感覚をもつ彼には、とても素直に勝ち色が作用することを証明してくれました。

case
2

マラソン
ウォーキング

持久力を必要とするマラソンやウォーキング。競技時間が長いため、安定したメンタルを維持するために勝ち色が効果を発揮します。

無理をせず、自然に酸素を取り入れることができる！

勝ち色の指導をしているトレーナーのEさんが、「マラソンにも勝ち色の効果がある」と実感したのは、自らの体験がもとになっています。

彼が1COLと6COLのサングラスを交互に装着し走ってみたとき「肺への酸素の入り方」と「胸郭（きょうかく）の安定」に歴然とした差が出たそうです。

持久力が試されるマラソンの世界では、いかに無理せず自然に酸素を取り込むことができるかがポイントになります。

そのため、ランナーにとって「呼吸の安定」は、勝負を左右する肝になるといっても過言ではありません。

つまり、勝ち色は勝負を分ける有益なツールとなるわけです。

自らの体験から勝ち色の効果を確信したEさんは、マラソンにおいても勝ち色を取り入れる指導をはじめました。

理想的な呼吸とフォームを維持するため、勝ち色のサングラスをしたり、テープを腕に巻いたり、靴紐に取り入れたりするよう指導しています。その他にも、走っているときに見える景色や前を走るランナーのシャツの色のなかに、自分の勝ち色を探すというやり方も効果があるとわかったそうです。

そして、Eさんが指導したランナーたちもまた、勝ち色の効果を体感し、大きな大会などで好成績をおさめています。

わずか12メートルという短い距離に、歩幅の差が!

普段運動をしないFさんは、数年前から関節の痛みと腫れに悩んでいました。医師からは可動域が小さくなっているといわれ、リハビリをしたいと相談されました。

私はまず彼女の勝ち色をテストし、彼女の勝ち色を把握したうえで、リハビリをスタートさせることにしました。

まず、1COLのゴーグルをつけ、ストレッチをすると、関節のストッパーが外れたような感覚がありました。彼女自身も「1COLのときは、なぜか身体がやわらかく感じる」とのこと。

逆に、6COLのゴーグルをつけ、同じようにストレッチをしてみると、筋肉がこわばり、身体が硬くなることがわかりました。

この結果から、普段身体を動かしていない人にも勝ち色が作用していることを実感した私は、さらに再現性を実証するため「ウォーキングを使った実験をさせていただけないか?」とお願いしました。

快く引き受けてくださったFさんは、1COLと6COLのゴーグルを交互につけ、12メートルを歩くというテストに協力してくれました。

まずは、1COLのゴーグルをつけ12メートルを歩いたときのタイム、歩幅をカウントし、その後、6COLで同じことをしてもらいました。

すると、1COLのときは6COLのときに比べ、明らかに歩数が減ったことがわかりました。

歩数が減ったということは、歩幅が大きくなったことを意味します。そして、歩幅が大きくなったということは、姿勢がよくなったことを示します。

つまり、1COLのゴーグルでは無意識に背筋が伸び、可動域が大きくなったことがわかったのです。彼女自身も「6COLのときは常に股関節の張りを感じ、歩きにくかった」と話してくれました。

普段あまり運動をしていない人にも勝ち色の作用が働くことを実感した私は、それ以降、普段運動から遠ざかっている人にリハビリをする際は、なるべく1COLのアイテムを取り入れることを心がけています。

case
3

スキー／スケート

瞬発力だけでなく、バランス感覚が必要とされるスキーやスケート。落ち着きながらも、集中力がある状態を維持するには勝ち色を使わない手はありません。

世界で活躍する、ショートトラックの渡邊啓太選手

平昌オリンピックショートトラック代表の渡邊啓太選手も、勝ち色の効果を取り入れているアスリートの一人です。

自転車をこぎ続けながらおこなう勝ち色のテストをしたのですが、彼が中学生のころからずっと使用していたサングラスの色が、彼の1COLの色だとわかりました。

やはりこれだけのトップアスリートになると、もともと鋭い感覚をもち備えていることを実感しました。

その後、1COL~6COLの6色を氷上で体験してもらうと、

「正直ここまで違いがあるとは思っていませんでした。瞬発スピードは1COLがピカイチで、加速を上げるトレーニングも、すぐに氷に力を伝えやすい感覚がありまし

た」

このように、興奮した様子で話してくれました。

彼のようなトップアスリートになると、1COLと2COLの違いでさえ敏感に身体で感じることができるようです。

彼もまた、何度やっても同じ結果が出るという再現性を体感し「もっといろいろな色で試してみたい」と語ってくれました。

勝ち色のゴーグルを使用した1か月後、苦手だった競技で優勝！

小学生の女の子に、スキーのクローチング（空気抵抗を減らすため小さくなった流線形の姿勢）で勝ち色のテストをしたところ、彼女は1COLでは無理なく安定した姿勢がとれますが、6COLでは股関節と頸椎につまる感じがあるとわかりました。

彼女が普段練習で使用しているゴーグルは6COLだったため、すぐに1COLのゴーグルに変えるよう指導しました。

すると、ゴーグルを変えた直後に軽々と自己記録を超えてしまったのです。

近くで見ていたコーチと、彼女の父親も「これまでと滑り方がまったく違う!」と驚いていました。

最初は不思議がっていた彼女でしたが、何度試しても同じ結果が出ると、勝ち色のもつ効果、再現性を確信し、それを自信に変えていきました。

そして、その合宿の数週間後におこなわれた大きな大会では、彼女がいままでもっとも苦手としていたスロラームで優勝するという快挙をおさめることができました。

彼女自身も「大会直前の合宿で勝ち色に出会えてよかった」と喜んでくれました。

case
4

陸上競技

屋外でおこなうことが多い陸上競技は、場所や天候にコンディションが左右されることがあります。そんなときこそ勝ち色を上手に取り込むチャンスです！

小学生男女5人が出した、驚くべき勝ち色の即効性

栃木県小学生陸上競技大会で、小学生の男女5人に勝ち色を取り入れた結果、驚きの結果が出ました。

陸上は100分の1秒、1センチメートルを更新するだけでも難しい競技です。

しかし、小学生は勝ち色に対する順応性が高く、効果が出やすい年齢なので、勝ち色の効果がどのくらい結果として表れるか期待して大会に臨みました。

そして大会当日。全員に共通して、自分の1COLであるカラー紐を手首に巻いて走るよう指導しました。

すると、5人全員が勝ち色の効果を証明する、驚きの結果を出してくれたのです。

・Aくん（4年生・男子100メートル）

予選タイムは14・55秒で、決勝タイムは14・34秒と記録を更新し、見事優勝。感想を聞くと「スタートの際、手首につけた勝ち色のゴムを見ることで、軽やかに走り出しができ、腕の振りが軽かった」と話してくれました。

・Bさん（4年生・女子100メートル）

予選タイムより決勝タイムは記録が落ちてしまったが、記録が落ちても自己記録を更新し、準優勝。「手首の紐をつけたことで、後半も失速せず足が動き、スピードを維持することができた。腕の振りも軽かった」とのこと。

・Cさん（女子100メートル）

予選のときはまだ勝ち色に半信半疑のようでしたが、決勝でカラー紐を見ながら走ることを意識したら、タイムが15・72秒から15・32秒に更新。彼女自身も「決勝のときのほうが身体をスムーズに動かせて、足をコントロールしながら走ることができた。全力を出せたので、満足した走りができた」とのこと。

・Dくん（4年生・男子1000メートル）

「1000メートルという競技では足が痛くなることがありますが、カラー紐のおかげで一度も足が痛くならなかった。普段は600メートルあたりから疲れが出てしまうが、今日は疲れることがまったくなかった。普段は出せないラストスパートも出せて、満足いく走りができた」と信じられない様子でした。

・Eさん（6年生・女子1000メートル）

「勝ち色のカラー紐を手首に巻いたことで、体幹が安定しているのがわかりました。スタート時点でカラー紐を見ることで、スムーズなスタートを切ることができたのもよかった。もともと緊張しやすい性格でしたが、カラー紐のおかげでスタートからゴールまで落ち着いて走ることができて、好タイムを出せて大満足です」とのこと。

このように、5人それぞれが勝ち色の効果を体感し、パフォーマンスをアップすることができました。

陸上という競技は屋外でおこなわれることが多いため、天候やトラックの色、付近に緑があるか、という視界に入る景色に勝ち色が左右されることがあります。

そのため、1COLが青色の人には競技中なるべく空を見るように指導したり、緑色の人には外野の木々や芝生などを見るようにしたりするという指導をしています。

しかし、この5名は「カラー紐」だけで、勝ち色の効果が顕著に表れた、いい例だったと思います。

case
5

未就学児

色を認識しはじめたばかりの未就学児は、色への偏見がありません。そのため、もっとも勝ち色の効果が素直に行動に表れます。

未就学児は色に対する偏見がないぶん、勝ち色の効果が出やすい

未就学児は、まだ色への偏見をもっていません。もちろん、好みの色はありますが「青は冷静、赤は情熱、緑は癒やし」というような、一般的な色のイメージはもっていないため、視界に入る色がダイレクトに作用します。

そんな未就学児を対象にした勝ち色の、驚くべき事例を紹介します。

・Aちゃん（4歳）

クロールで12メートルしか泳ぐことができなかったAちゃんは、1COLのゴーグルに変えただけで軽々と25メートルを泳ぐことができました。

それまでは泳ぐことに対して消極的でしたが、25メートルを泳げたことが自信に繋がり、それからは積極的に練習に臨むようになりました。

・Bちゃん（5歳）

水泳で勝ち色の効果を実感したBちゃんは「苦手な逆上がりも、このゴーグルをつけながらやればできるのかもしれない」と思ったそう。

そして、水泳のときに使用している1COLのゴーグルをして逆上がりをしてみると、なんと一発で成功。

しかし、ゴーグルを外すとできなくなってしまいます。

その後、勝ち色のゴーグルをしながら逆上がりをし続け、コツをつかんだところでゴーグルを外してみると、なんとゴーグルなしでもできるようになっていました。

彼の母親からも「勝ち色の効果は水泳だけだと思っていましたが、鉄棒にも有効なんですね」と、うれしい言葉をいただきました。

・Cちゃん（5歳）

斜視であるCちゃんに色のトレーニングを兼ね、勝ち色のテストをさせてもらいました。

すると、青色のゴーグルをつけたときは姿勢がピンとしますが、逆に赤色のゴーグルをつけたときは、どうしても姿勢がぐにゃっと曲がってしまいます。

何度やっても結果は同じでした。

つまり、青色が彼女の1COLだとわかりました。

目のトレーニングには色が不可欠なので、1COLが青色の彼女には日常生活になるべく青色を取り入れながら、より効果的なトレーニングを心がけています。

case 6

高齢者

身体の機能が低下する高齢者にも、勝ち色の効果は顕著に表れます。しかし、高齢者に「ハイパフォーマンス」は危険が伴うので注意も必要です。

高齢者にも、勝ち色は有効

体力向上などのトレーニングは、高重量のものを適切な回数持ち上げることが必須条件といわれていています。ですが、勝ち色は通常とは違うトレーニングメカニズムでおこなわれるので、特別なトレーニングなどをしなくても、身体活動をアクティブにすることが可能です。

この**「簡単に身体活動をアクティブにするシステム」こそ、勝ち色メソッドの真髄**であり、「フォームの安定が難しい、筋力がない、何かしらの疾病や制限がある」など、運動経験が少ない高齢者でも、パフォーマンスを向上することができるのです。

・Aさん（80代女性）

股関節と膝の手術を受け、リハビリ中のAさん。エクササイズを指導する際、彼女の勝ち色をテストさせてもらいました。

股関節外旋のエクササイズの際に、6色のゴーグルを着用してもらったところ、1COLの場合は外旋が軽くなり、6COLでは重くなることがわかりました。

そして、何より驚いたのが、筋肉の反応速度がまったく異なることです。

6COLだと、右足を意識しても遅れてしまい、左よりも曲がらず重くなりますが、1COLだと右足が速く曲がり、左足よりも曲がりやすくなり軽くなります。

彼女自身も「悪いほうの足に効果が出やすいのかもしれない」と感じたようで、つまり、痛めている足や動きにくい箇所に、より勝ち色が効果的だとわかりました。

・Bさん(70代男性)

足腰も丈夫な70代のBさんに、6色のゴーグルを使って、その場で足踏みをするというテストをしました。

6色のゴーグルを1色ずつ装着し、同じ場所で数秒間足踏みをしてもらうと、ゴーグルの色によって、足が上がる高さに明確な差が出ました。

本人に感想を聞いてみると、「不思議と足が軽く感じる色と重く感じる色があった」とのこと。あらためて、色による作用の効果を見せつけられました。

このように、高齢者に協力していただいた実験結果からみても、勝ち色は若い人だけではなく、判断力・認知力の低下する高齢者にも、間違いなく作用することがわかりました。

しかし、ひとつ注意したい点があります。

高齢者の場合、足が軽く感じることで早足になる可能性があります。

早足になると、ケガのリスクが高まります。

よって、高齢者に勝ち色を取り入れる場合は、1COLでなく2COLを使用すると、安定してパフォーマンスが上がり、ケガのリスクも下がります。

case
7

運動以外の事例

受験勉強、ダイエット、分娩など、さまざまなジャンルで勝ち色が作用する多くの事例が報告されています。いくつかピックアップして紹介しましょう。

勝ち色を「勉強」に取り入れ、東京大学医学部に合格！

勝ち色のゴーグルを使用し、インターカレッジでベストタイムを出した水泳選手のGくんは、ノートやテキストの大事な部分に、１ＣＯＬである黄色のマーカーを使い、その他の色は一切使用しないというやり方で、受験勉強に勝ち色を取り入れていたそうです。

Gくんはもともと黄色のマーカーを使っていて「**やっぱりそうなんだ。いつも黄色がすぐなくなるのが不思議だったんです。赤とか青より、記憶力とか集中力があきらかに高まる気がします**」と言っていました。そこから勉強の効率が上がったといいます。そして、かねてから志望していた東京大学に合格し、その後医学部を専攻し、首席となりました。

また、ある高校生の女の子は、自分の勝ち色を知るため、自ら6色のペンを購入しテストをしたそうです。

何度も6色のペンを変えながら使ってみると、ペンの色によって「握る力」がまったく違うことに気づいたといいます。

そして、「緑色ではペンを握る力が入らないけど、赤色では力いっぱいペンを握りしめてしまい腕が痛くなってしまう。だから、長時間勉強をするときは、2COLである青色のペンを使うと集中力が持続し、手や腕が痛くなることもない」という結論にたどり着き、いまでも勉強に役立てているそうです。

「新居を建てたら太りはじめた」……その原因とは?

私の友人は「新居を建ててから、なぜか太りはじめた」と悩んでいました。

引っ越しをしただけで、生活のスタイルは何ひとつ変わっていないのに、なぜか太りはじめたというのです。

それを聞いた私は「インテリアの色が関係しているのでは」と思い、すぐ彼の勝ち色をテストさせてもらうことにしました。

新居にお邪魔し、壁（白色）、扉（茶色）、床（茶色）、窓からの景色（緑色）、カーテン（青色）など、彼が普段くつろぐことが多いとされる場所で、彼の視界に入るものを見ながら、勝ち色テストをしたのです。

すると、新居後に新調した青色のカーテンが視界に入ったときだけ、身体が緊張しこわばるという症状が見られました。

つまり「青色のカーテンは間違いなく彼に負荷をかけている」とわかったのです。

そこで私は、白いレースのカーテンと青色のカーテンの配置を逆にしてみるように提案をしました。

数か月後、彼から「本来の体形に戻りました」と、喜びの連絡をいただきました。

つまり、彼は青色のカーテンが視界に入ると無意識にストレスを感じていたようで、それがパフォーマンスを低下させ、体重増加の原因となっていたのです。

彼のように、インテリアを重視し選んだ色が、体形をも変化させてしまう可能性があるということがわかったのです。

集中力が勝負の「簿記」にも勝ち色は有効だった!

簿記の世界で有名な岐阜商業高校の簿記部の生徒たちに、簿記を使って勝ち色の実験をしました。この高校は「全国高等学校簿記コンクール全国大会」において、過去20年で17回優勝という実績をもつ、まさに簿記界の強豪校。部員たちは早朝練習、放課後練習、土日練習など常に簿記と向き合っているそうです。

そんな彼らのなかから優秀な生徒20名を選抜し、1COLと6COLのゴーグルをつけ、30秒のタイムアタックをおこないました。

すると「1COLのほうが集中力が上がった」「ミスが減った」「あきらかに打感がなめらかだった」と、声をそろえて話してくれました。

ミスをしないのが当たり前という厳しい世界で鍛錬しているにもかかわらず、1COLと6COLでミスの数に2問という差が出た生徒もいたようで、勝ち色のもつ作用がいかに影響をおよぼしたかということを証明してくれました。

その簿記部の顧問の先生は「集中力がアップしたり、ミスが減ることも驚いたのですが、何よりも驚いたのは生徒の表情です。楽しみながらも、こんなにもやる気に溢れた姿勢で簿記に臨む生徒の表情を見たのは、はじめてです」と話してくれました。

勝ち色を「分娩」に！

「勝ち色を分娩に活かせるのでは？」と、ある助産師から相談を受けました。

というのも、分娩は〝パワフルでありながらリラックスした状態〟で臨めることが理想的であり、それは勝ち色がもつ効果にぴったりとあてはまるからです。

しかし、緊張や痛みが優先し、身体に力が入ってしまう人が多く、赤ちゃんもお母さんも苦しい思いをするというパターンが多いようです。

そこで私は助産師の方々に協力していただき、勝ち色のゴーグルをつけながら、分娩時を再現してもらいました。

まず、6COLのゴーグルをつけながら分娩台に座ってもらい、分娩のときのようにいきんでもらいました。すると、「なぜかまったく力が入らない」とのこと。

逆に1COLのゴーグルで試すと、上手にいきむことができ、不思議と目線も下にいくということがわかりました。

この実験で「勝ち色は分娩にも作用する」と確信した助産師たちは、産婦に合わせた勝ち色のインテリアやアイテムを分娩室に用意することで、リラックスしてお産に臨めるような空間をつくる取り組みをはじめたそうです。

このように、リラックスしながら最大のパフォーマンスを発揮したいというシーンには「色」が作用しています。産院だけでなく、学校、ホテル、図書館などさまざまな場所で、勝ち色の作用を生かした空間ができることを、願うばかりです。

column

まだまだある!
勝ち色を取り入れた実例の数々

・肩の痛みがある70代の女性は、1COLの黒を見ると痛みが軽減して可動域が上がった

・6COLが白色の女性は、寝室の白い壁に1COLの青い絵を飾ることで、寝起きがよくなった

・疲れたときに、1COLのハンカチを見るだけ疲れが減少する

・パソコンのキーボードの色が6COLである男性は打ち間違いが多かったが、1COLである黒色にすると、途端にキータッチがスムーズになった

・デスクワークの女性が、1COLのマグカップをデスクに置くと肩こりが軽減した

・会社で使うパソコンの壁紙を6COLから1COLに変えたら、集中力が増し、休憩に立つ回数がぐんと減った

・書類を読むとき、1COLのペンでなぞるようにして読むと集中力が持続する

このように、勝ち色を日常生活に取り入れたことで、パフォーマンスがアップしたという事例は増え続けています

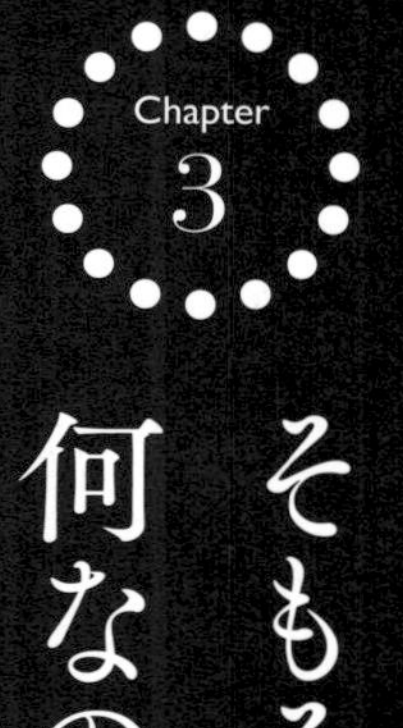

そもそも「色」とは何なのか？

身のまわりに溢れる「色」について、
どこまで知っていますか？

私たちは毎日、無意識に色に支配されている

ここまで読んで、次のような疑問を抱いた人も多いのではないでしょうか？

「色を見るだけで本当に身体的な変化が起こるの？」

「だとしたら、色とは一体何なのだろう？」

この章では、その秘密を詳しくお話ししたいと思います。

インテリアの色、ポスターの色、企業のロゴマークに使われる色、携帯端末やパソコンから発する色など、私たちは朝起きてから夜寝るまでの間、数えきれない色を目

にしています。

そこにその色が使われていることに、どんな意味があるのでしょうか。

わかりやすい例として、信号機を取り上げてみましょう。

信号機には赤色、黄色、青色が使われていますが、この3色が選ばれているのは、目の神経を刺激する色の波長の長さが関係しています。

「止まれ」のサインである赤色は波長が長く、遠くからでも人の目に気づきやすい色です。

反対に「進め」のサインである青色は、空気中のちりやほこりなどの影響で散乱されやすく、色の波長は短めです。

赤色と青色は色の性質がまったく異なり、青色は赤色の補色にあたるので、この2色は対極の色として見間違えることがなく、はっきりと識別できます。

また、注意を促す黄色も、色の波長は長めです。色の相関図（P119参照）を見ると、黄色は、赤色と青色のほぼ中間に位置する色のため、赤色や青色と見間違いを防いでいます。

なお、道路標識には青色が多く使われていますが、これは、光のない夜は人の目は赤色よりも青色を認識しやすくなる視覚現象「プルキンエ効果」が用いられているからです。

また、赤色・黄色・青色に緑色を加えた4色を「心理4原色」といい、人の色覚の基準とされており、光をあてても色相が変わらないという特徴があります。**心理4原色は目の機能が未発達でも識別しやすい色なので、乳児のおもちゃに使用されたり、色彩トレーニングに使用されたりしています。**

大衆にインパクトを与えたい政治家やタレントも、色の効果をうまく使って成功している人が数多くいます。

2016年、東京都知事に就任した小池百合子さんは、色がもつ効果を戦略的に使った一人です。

演説や会見などで公の場に立つときは「小池グリーン」と呼ばれる緑色のスーツを身にまとい、選挙ポスターやたすきまで徹底して緑色に統一していました。そんな小池さんをメディアで見るたびに、小池百合子という認識を強く植えつけられていきました。そういった戦略が功を奏し、女性初の都知事という歴史に残る地位を手に入れることができたのです。

タレントのなかでも、赤い服に金髪がトレードマークのカズレーザーさん、ピンク色を身にまとった林家ぺー・パー子さん、グループで各自のイメージカラーをもつ「ももいろクローバーZ」やジャニーズのメンバーなど、色による印象づけをおこない、人気を得ている人がたくさんいらっしゃいます。

かくいう私も、フジテレビの「ホンマでっか!? TV」に出演するときは、ピンク色のスーツと決めています。これは、最初に番組に出演させていただいたとき、明石家さんまさんが、私の着ているピンクのスーツを「俺はピンクのジャケットを着ている人は信じない(笑)」と、いじってくれたことがきっかけでした。

それ以降、「あのピンクのスーツの庄島さん」と声をかけていただくことが増えました。つまり、ピンクのイメージが、私の存在を定着させてくれたのです。

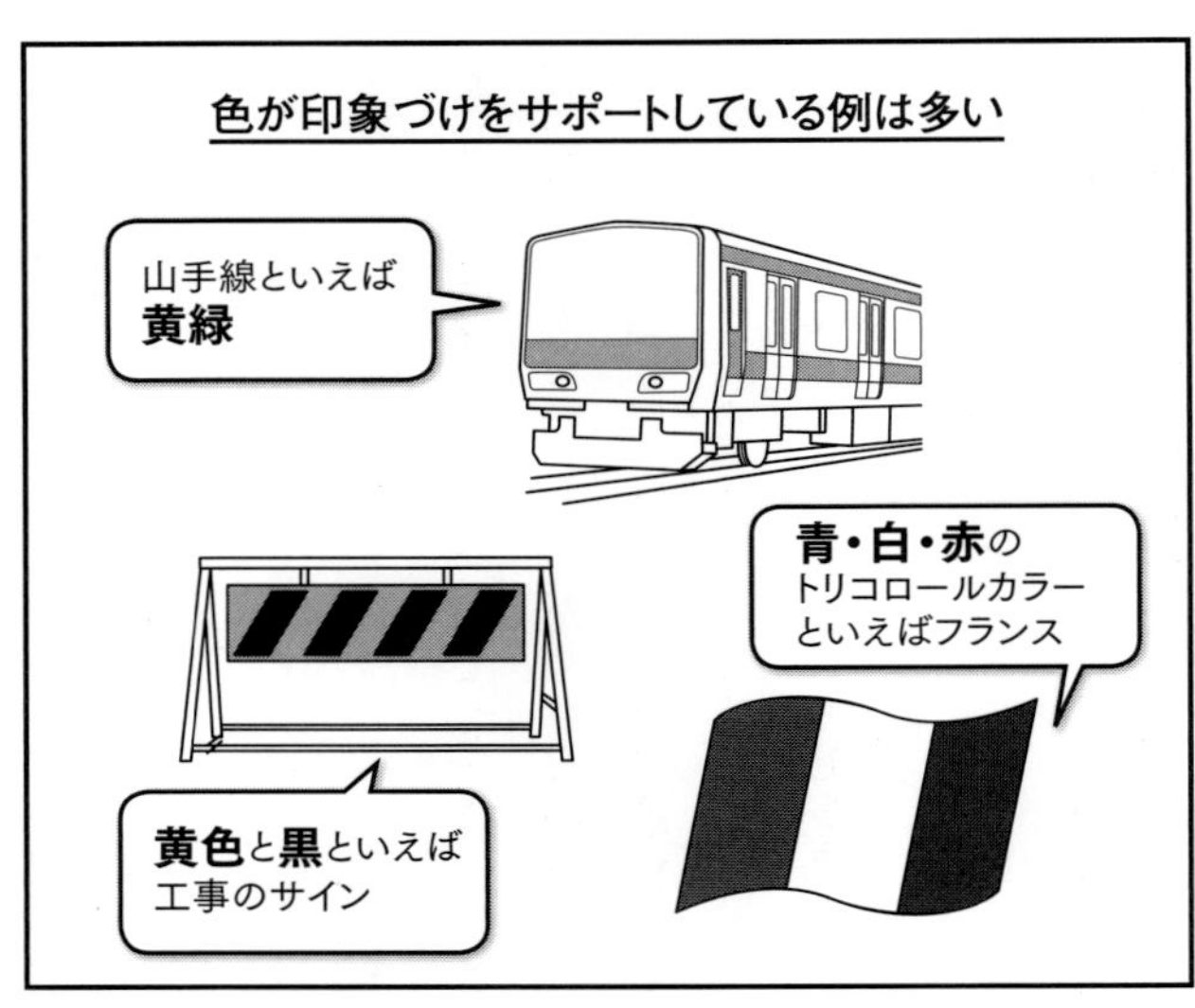

また、色による思い込みの効果を狙ったものに「かき氷」があります。

夏祭りで目にする昔ながらのかき氷の味といえば、イチゴ、レモン、メロン、ブルーハワイといったところでしょう。

甘いものが好きな人はイチゴを、柑橘系の味が好きな人はレモンを、また、ブルーハワイを選ぶ人はソーダやラムネなど爽やかな味をイメージして注文する人が多いかもしれません。

しかし、じつはこのシロップ、着色料と香料が違うだけで味自体はすべて同じということを知っていましたか？

つまり、レモン味のかき氷を食べても酸っぱい味がするわけでも、イチゴ味が他の味より甘いわけでもないのです。

しかし、レモン味が好きな人は何度も「レモンのかき氷」を注文してしまいます。

これは、実体験より色の思い込みが先行してしまうことを表したわかりやすい例です。


色の思い込みは、薬にも使用されています。

「ピンク色の錠剤は甘く、青い錠剤は苦い」というイメージがありませんか?

色と味覚の関係性では、ピンク色は甘さを連想させ、青色は苦さを連想させるという統計があります。苦い薬を飲むことへの抵抗を少なくするために、意図的にピンク色に着色された薬は多く出回っています。


また、私たちが普段何気なく手に取る商品には、購買意欲を煽る目的で、色による目の錯覚が利用されているものも数多くあります。

牛乳パックはそのいい例です。

一般的に、牛乳パックには青色が使用されていることが多いですが、これは「補色(ほしょく)残像(ざんぞう)」と呼ばれる目の反応、いわゆる錯覚を利用した効果が期待されているからです。

補色残像とは、しばらく有彩色を見て、その後にすぐ白などの明度が高い色に視線を移すと、見ていた有彩色の補色が残像として視界に残り、白いはずのものがうっすらと色づいて見える現象のことです。

牛乳パックの色に使われている青色の補色は、黄色です。

パッケージの青色を見た後、コップに注いだ牛乳を見ると、補色である黄色の残像で、液体がわずかに黄みがかって見えます。真っ白のはずの牛乳がクリーム色のように見え、いかにも濃厚で美味しそうに見えるのがわかるでしょう。

錯覚の効果を使えば、商品の本来の味に上乗せして美味しさを感じさせることができ、売り上げを伸ばすことに繋がるというわけです。

ちなみに補色残像については、インターネットやYouTubeなどで「補色残像」と検索すると、わかりやすい例を見ることができます。ぜひチェックしてみてください。

このように私たちが日常的におこなう意思決定において、無意識に色が大きく関与していることは、これまであらゆる分野で研究の対象にされてきました。

卓球が流行ったのにも、色が一役買っている?

スポーツと色にまつわる有名なエピソードも、取り上げてお話しましょう。

卓球台の色は地味な印象を与える暗い緑色が定番でしたが、最近では明るい青色が主流となっています。

1992年のバルセロナオリンピックで、はじめて日本製の青い卓球台が使用され、その後、世界中に青い卓球台が普及したといわれていますが、そのとき卓球台の色が変わったのは、次のようなきっかけがありました。

長い間、日本国民に親しまれたお昼のバラエティ番組の司会者が、とあるゲストを招いたときに、卓球経験者のゲストに対して「卓球って、根暗なスポーツだよね」と

テレビで発言しました。なんと、この翌年から卓球部の入部希望者が激減してしまったそうです。

卓球用品を製造・販売する日本卓球株式会社（通称：ニッタク）は、これに卓球衰退の危機を感じ、卓球台の色を青色に変えて販売しはじめました。

以降、卓球界は「卓球の愛ちゃん」こと、福原愛選手をはじめ、石川佳純選手、伊藤美誠選手といった優れた選手を次々と輩出したことは周知の事実です。

２０１２年には、ロンドンオリンピックの女子団体戦では銀メダルを獲得、２０１６年リオデジャネイロオリンピックでは水谷隼選手が男子シングルスで銅メダルを獲得するなど、目を見張る快進撃を続けています。

つまり、卓球台を青色に変えたことにより、卓球は衰退するどころか、若い選手たちの活躍により以前にも増して世間の注目を集めるスポーツとなりました。

選手たちの努力により成果が上げられたことはもちろんですが、卓球界全体としてみると、卓球台の色をチューニングすることによって、ハイパフォーマンスが引き出されたといえます。

なぜ、りんごは赤いのか?

私たちが色を見るとき、物体そのものに色がついていると思いがちです。しかし、実際はそうではなく、色は視覚が光をとらえてはじめて認識できるものです。暗闇のなかにいると、色を識別できなくなるのはそのためです。

光によって色を認識するのには、次の2つのパターンがあります。

ひとつは、光そのものの色を感じるパターンです。

光には、人のみが感知できる「可視光(かしこう)」と、人の目が感知できない紫外線やX線、電磁波などがあります。

光には「波長」があることもよく知られていますが、可視光と見えない光の差にはこの光の波長が関わっています。

可視光、つまり人の目に見える光の波長には制限があって、およそ３８０ナノメートルから７８０ナノメートルの範囲といわれています。

人の目には光の受容体(じゅようたい)があり、網膜(もうまく)で感じとられた光情報は眼球の裏にある視神経を通じて脳に伝えられますが、このとき目がとらえた光が視神経を刺激し、化学反応によって色が生み出されます。

空にかかる虹は、光を分光したスペクトルといい、可視光と色の関係がわかりやすいものです。虹の色をレインボーカラーと呼ばれる7色に区切ると、それぞれの色と波長の関係は、Ｐ１１０の図のようになっています。

紫色より短い波長の光は人の目には感知されず、波長が約３８０ナノメートル以下、10ナノメートルくらいまでの波長の光は「紫外線」、すなわち紫色より外の光として認知されています。

また、波長が約780ナノメートルを超えても人の目は認識できず、赤色より外の色、「赤外線」と名づけられています。

人は目のなかに光を受容して色に変換する錐体細胞（すいたいさいぼう）をもっていますが、一般的にこの細胞は3種類に区分され、ひとつは赤色を、ひとつは青色を、ひとつは緑色を感じとります。

この3色をまとめて「色光の3原色」と呼びます。

テレビやパソコンなどのディスプレイは、色光の3原色を用いた「加法混色（かほうこんしょく）」によって色が表現されており、赤色、青色、緑色の組み合わせの配合量を変えることによって、あらゆる色がつくり出されています。

たとえば、黄色が見えるとき、黄色は赤色と緑色の混合色なので、赤色を感じる錐体と緑色を感じる錐体が同時に反応し、青色を感じる錐体はほとんど反応していないことになります。

目の構造

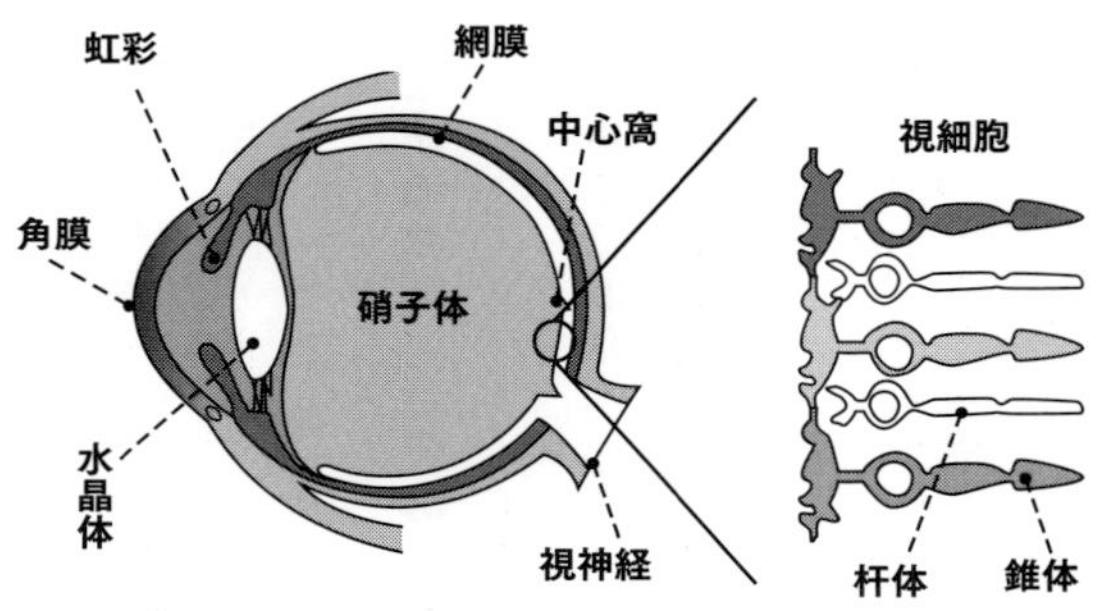

網膜の「オプシン」と呼ばれるタンパク質
が光を吸収して反応する

錐体細胞	約700万個 L型、M型、S型の3種類
杆体細胞	約2億個 1種類のみ 暗い場所で反応する

人に見える光の色

紫外線 ← → **赤外線**

紫色　青色　水色　緑色　黄色　橙色　赤色

紫色より短い波長の光は
人に見えない

赤色より長い波長の光は
人に見えない

そして、もうひとつは、物体が反射した光から色を感じるパターンです。物体の色は、その物体がどの波長の光をどれだけ吸収し、また反射するかによって決まります。光の吸収・反射は、それぞれの物体がもつ性質によって変わり、私たちはその物体から跳ね返った光を受けることによって色を感じています。

つまり、物体そのものが色をもっている訳ではなく、物体から跳ね返った光を見ることによって脳内で独自にその色をつくり出しているのです。

誰もが「りんごは赤い」と認識していますが、りんごは赤色の波長の光を吸収せず大部分が跳ね返るため、私たちには「赤く」見えます。いちごが赤く見えるのも、ぶどうが紫色に見えるのも、すべて同じ理由です。

視覚はほかの感覚よりも強い

また、りんごやいちごは若い果実では緑色っぽく見え、熟せば次第に赤色に変化していきます。これは、果実そのものの光に対する性質が変わり、緑色の波長の光より赤色の波長の光を多く反射するようになるからです。

私たちはこの色の変化を見て、果実や野菜などの食べごろを判断します。熟していない緑色のトマトを進んで食べる人はいません。つまり、色を認識することは、食べていいもの、悪いものを判断することにも大いに役立っているのです。

また、色を認識することは人が進化の過程で獲得した能力の一種であり、実際に食欲と見た目には深い関係があります。

食事の味は、味覚によって決まると思いがちですが、味覚は「嗅覚、触覚、視覚、聴覚」など、それ以外の感覚も使って総合的に感じられるものです。

なかでも視覚は、料理の美味しさを判断する大部分を占めるという研究結果が報告されています。レモンを見れば、口のなかに自然と唾液が出てきますが、これは視覚情報がダイレクトに身体機能に作用する生理現象の一例です。

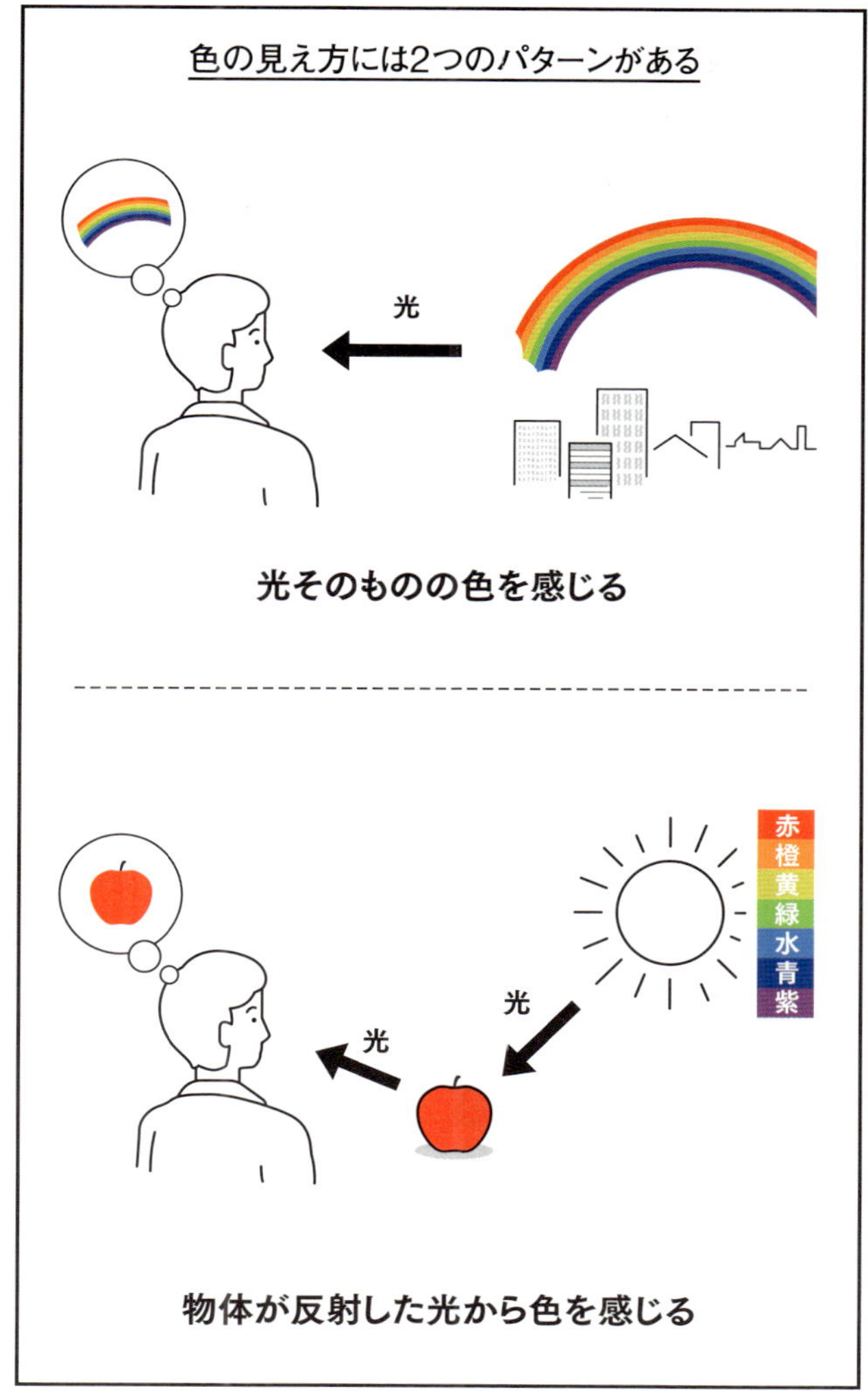
色の見え方には2つのパターンがある
光
光そのものの色を感じる
赤
橙
黄
緑
水
青
紫
光
光
物体が反射した光から色を感じる

ほかの生き物には、世界がどう見えているのか

前述したとおり、人は一般的に赤色、青色、緑色を感知する3種類の錐体細胞をもつ「3色型色覚」です。

しかし、犬やネコ、馬など一部の動物は「2色型色覚」の持ち主で、2種類の錐体細胞しかもっていません。

犬やネコがもつ2種類の錐体細胞は、短い波長の光に反応するS（ショート）型と、長い波長の光に反応するL（ロング）型で、青色と、緑色から赤色の波長のみを感知すると言われています。錐体細胞の違いは、そのまま見ている世界の色の違いです。

つまり、犬やネコは、人よりも少ない色彩の世界で生きていることになります。

一方で、鳥や爬虫類のような「4色型色覚」の生き物もいます。

4色型色覚の生き物は、4種類の錐体細胞をもつことが知られていて、人よりも多くの色を感じることができるといわれています。

4色型色覚をもつ鳥は、私たちが感じられる色に加えて、紫外線領域の波長まで見えるとされているため、人よりも彩り溢れる美しい世界が見えていることでしょう。

渡り鳥は繁殖や越冬のために季節ごとに住む場所を変え、地球をまたにかけて膨大な距離を移動しながら生活しています。彼らには地球の磁場が見える能力が備わっており、それが正確なコンパスのように働くので、どんなに長距離でも方向を迷わずに目的地にたどり着けると考えられています。

鳥が見ている世界はどんなものなのか、体験してみたいと思いませんか?

しかし、鳥の目の構造をもたない私たちに、鳥の世界を見ることは残念ながら不可能です。なお、鳥は高層ビルや送電線など空中にある人工物に衝突しやすいことでも知られていますが、これも鳥ならではの目の構造が生み出す空間認知力に、人との違いがあるからと考えられています。

ハチは人と同じ3色型色覚の生き物ですが、色を感知する錐体細胞に違いがあり「赤色・青色・緑色」ではなく「黄色・青色・紫外線」を感知できるといわれています。ハチは人には見えない紫外線が見えているようですが、人が感じられる赤色を感知できないことが、オーストリアのノーベル賞生物学者カール・フォン・フリッシュ氏によって証明されています。

いま見えている世界より色覚の少ない世界や、不可視光線が見える世界とは、想像するのも難しいものですよね。

しかし、色はその生物特有の目の構造によって編みだされているものであって、物体の色は本来あってないようなものです。

見えている色の概念は、見る個体が変われば当たり前のように覆ります。同じ世界に生きていても、それぞれの生き物はまったく異なる世界を見ているのです。

色が見えるのは奇跡のようなもの

そして、突き詰めれば、人に限ってみても同じことがいえます。

人の目の網膜には約1億3000万の受容体が存在し、視神経は約100万の神経線維をもっているとされています。

何かを見るとき、私たちは人体に備わるこのように複雑な視神経回路を総動員して、色を感じています。


これだけ複雑となると、たとえ同じ目の構造をもつ人同士でも、色の見え方には多少なりとも個性があると考えるのが自然です。

隣にいる人と同じものを見たとき、その色が「青色」であると意見が一致しても、その青色が実際はどのように見えているか、正確なことは知りえません。

膨大な視神経の働きによる処理を私たちは普段、ただそこにあるもののように色として認識していますが、色とは生物が独自につくり出す壮大なフィクションのようなものです。次のイラストのように、何が何色に見えているかは当人でない限り知るよしがないという訳です。

普段、何気なく見ている「色」ですが、このような前提に成り立つことを考えるととても神秘的に感じられますよね。

ここまで説明してきたように、色を認識するということは、物理的、生理的プロセスに加え、心理的プロセスも複雑に絡んでいます。

色はあなた固有の神経回路に作用するので、気分を落ち着かせたり、逆に、緊張させたりもします。

だからこそ、あなたがもっともパフォーマンスが上がる色を知り、その色にチューニングしようという思考が「勝ち色」のメソッドなのです。

色の相関図

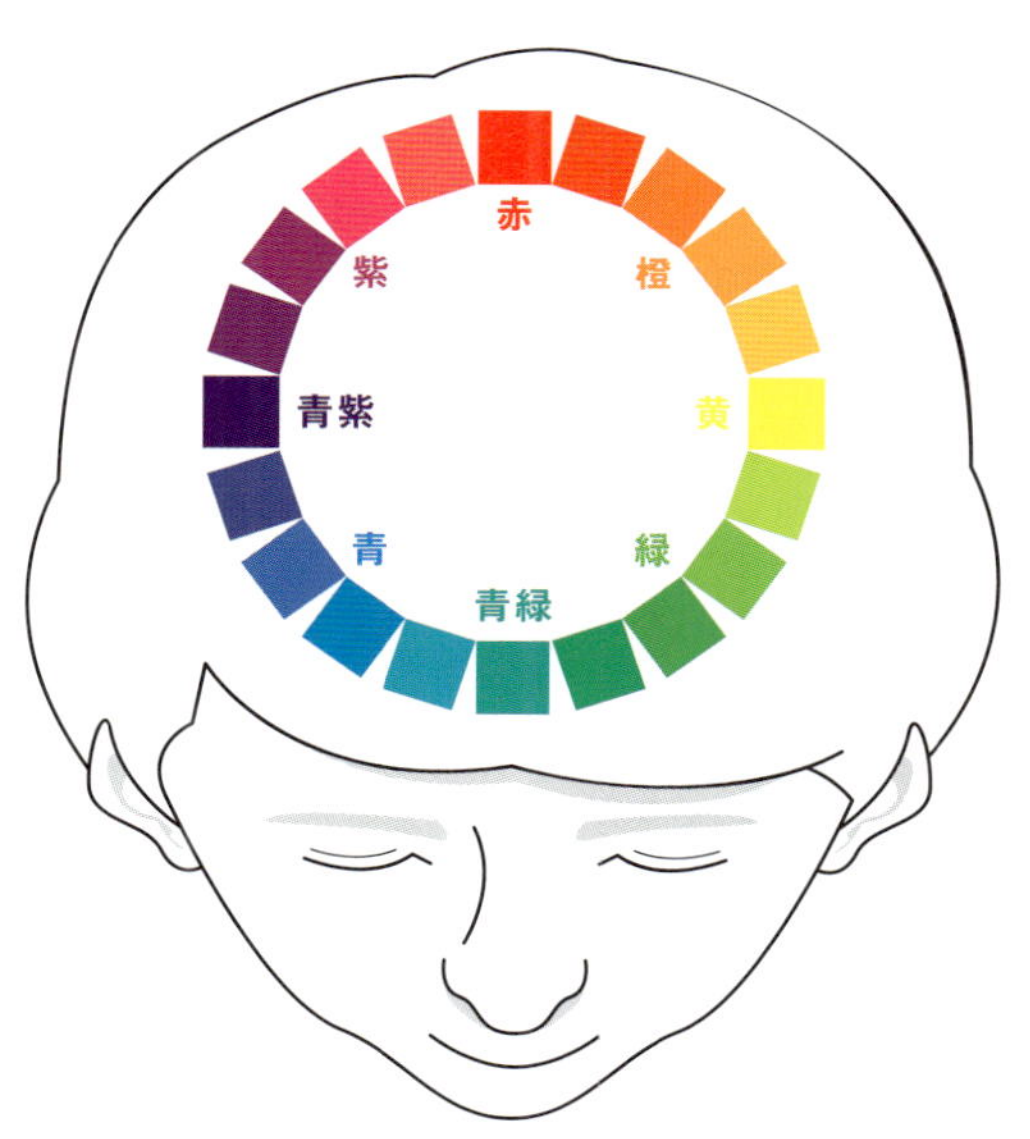

あなたが見ている色は、あなた固有の神経回路に作用した、世界にひとつの色。つまり、あなたに見えている色を隣にいる人が同じように見えているとは限らないのです。

なぜ、勝ち色は6色なのか？

私が提唱する「勝ち色」は、6色で構成されています。

ここで、なぜ6色なのかを説明したいと思います。

色は「色相(しきそう)」「彩度(さいど)」「明度(めいど)」による色の3属性によって構成され、さまざまにつくり出されます。

「色相」とは、色の相関図によって表されるもので、青、黄緑、赤紫のように言葉で表せる色を指しており、色味や色合いとも呼ばれます。

「彩度」とは、色の鮮やかさをいい、彩度の高い色は鮮烈に見え、彩度の低い色は反対にくすんで見えます。また「明度」とは、言葉通り色の明るさを指します。

諸説ありますが、一般的に人に見える色は１８７万色以上といわれています。

色覚の基礎の考え方は、古くから学者や画家たちによって議論されてきましたが、勝ち色はＮＣＳ（Ｎａｔｕｒａｌ Ｃｏｌｏｒ Ｓｙｓｔｅｍ：ナチュラル・カラー・システム）における６色を基準にしました。ちなみにＮＣＳとは、スウェーデンの工業規格に採用されているカラーシステムのことで、複数の色感覚を同時に生じさせない色として「心理学的原色」とも呼ばれているものです。

つまり、勝ち色の6色は「心理4原色」に「白色」と「黒色」を足したもの。

白色と黒色は、一般的に色として認知されていますが、色相に属さない無彩色で、色の３属性のうち明度しかもたない特異な性質です。白は「明るさ」を、黒は「暗さ」を表しています。

人の目には主に色を感知する錐体細胞があるのを説明しましたが、錐体細胞と一緒に杆体細胞（かんたいさいぼう）（Ｐ１１０参照）というものも存在し、杆体細胞は主に明るさと暗さを感知します。

明るい場所から暗い場所へ移動すると、一時的に目の前が真っ暗になって何も見えなくなりますが、徐々に目が慣れてきて、薄暗い場所でもわずかな光をとらえて視界が広がってきます。

しかし色は正確には認識できず見えるのはモノクロの世界です。このとき色を感知する錐体細胞より、杆体細胞の働きが優位になっています。

錐体細胞が昼行性の生物に多く存在するのに対し、杆体細胞は夜行性の生物に多く存在します。**夜行性の生物は、昼間は微細な色の変化を感知できないぶん、夜はわずかな光でも視界を広げられるので自由に動き回れます。そして夜行性の生物は、昼行性の生物に比べて、聴覚や嗅覚が鋭く発達していることもわかっています。**

暗い場所で目がよく見えなくなる夜盲症を「鳥目（とりめ）」と呼ぶことがあります。

これは、昔から人の身近な存在であったニワトリが、夜に活動的でなくなることから、こう呼ばれるようになりました。ニワトリの目には錐体細胞しかなく、暗所で働く桿体細胞がないため、暗い所では盲目になると考えられています。

ニワトリは太陽の光が射す朝の訪れを一番に感知し「コケコッコー！」と威勢よく鳴きますが、この行動も目の構造を考えると理解できます。

あなたは「暗」タイプ？「明」タイプ？

人にも、「朝型の人」と「夜型の人」がいます。

朝早く起きて、勉強や仕事をするほうが効率がいいと感じる人は「朝型人間」。

逆に、夜のほうが何をするにも集中できるという人は「夜型人間」といえます。

人は1日24時間の周期に連動する「概日リズム」によって、身体の機能を制御しながら生命活動をおこなっています。

つまり、基本的には昼行性の生き物ですが、朝に弱く、目覚めてすぐ活動するのが苦手な人がいるのも事実です。

「朝は作業効率が上がる」「早起きは身体にいい」という一般論もありますが、これも万人にあてはまるのかは疑問です。

ＪＭＡ（日本味感学協会）が成人の男女に対しておこなった実験では、目を開けたときに集中力が高まる「明」の目のタイプの人と、目を閉じたときに集中力が高まる「暗」の目のタイプの人がいることが明らかになりました。

目を開けたときは、明るさ（白色）を感じ、目を閉じたときは、光がシャットアウトされるので暗さ（黒色）を感じます。これは、明るい場所でパフォーマンスを発揮できる人と、暗い場所でパフォーマンスを発揮できる人がいることを示しています。

「図書館で勉強すると捗ると聞き、試してはみたけれど、慣れない環境に落ち着かなく捗らなかった」という経験はありませんか？

もし、そのような経験があるなら、あなたの目は「暗」のタイプかもしれません。「暗」のタイプは、蛍光灯の光が注ぐ明るい図書館よりも、照明に白熱灯を使っているような、落ち着いた雰囲気のカフェのほうが作業は捗るでしょう。

目のタイプには「明」と「暗」がある

目を開けた状態と閉じた状態で、それぞれ筋力チェックと味覚の感度チェックをおこなった。結果、目を開けたときに好成績の人と、目を閉じたときに好成績の人がいることが判明しました

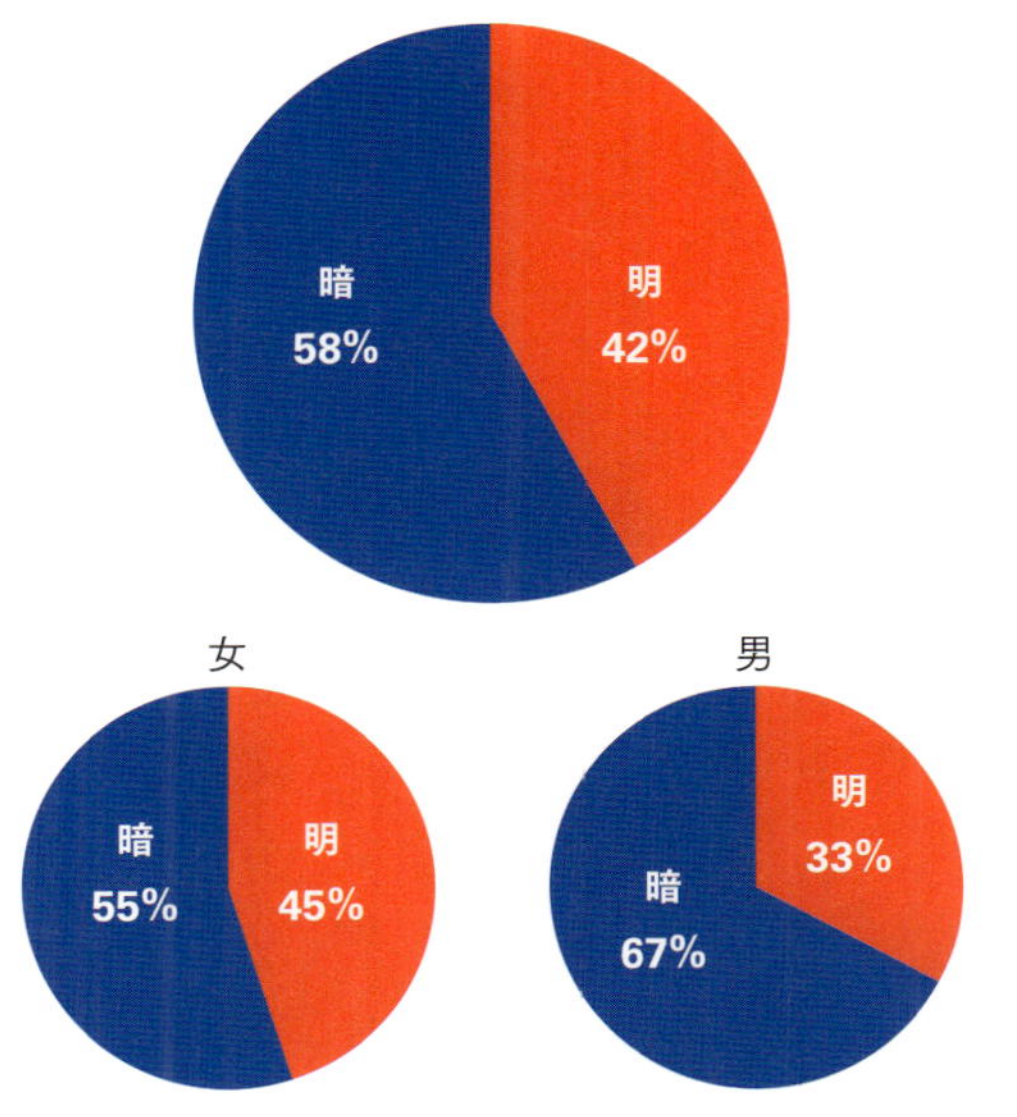

目のタイプは「明」と「暗」でほぼ半数に分かれる。現段階の収集データによると、性別で区切った際、男性においては「暗」のタイプがやや多い傾向がありました

なお、男性は女性より「暗」の目のタイプがやや多い傾向がありました。

色の認識には、男女で違いが見られるという研究結果が報告されていることも大変興味深いことです。

男性は動くものを目で追う動体視力や、細部の変化を遠くからとらえる能力が女性より高い傾向がある一方、色を識別する能力は女性より劣ることが、ニューヨーク市立大学ブルックリン校の心理学教授イズリエル・エイブラモフ氏やロンドン大学シティ校の光学・視覚科学教授ジョン・バーバー氏らによって報告されています。

色とは何なのか、ここまで詳しく話しましたが、ご理解いただけたでしょうか？

次章では、あなたの勝ち色をチェックしていただきます。

その際、もっともパフォーマンスが上がる1色を見つけるだけでなく、明度を表す白色と黒色のポジションにも注目してみてください。

上位に白色がきた場合は、あなたの目のタイプは「明」。つまり、天気がいい日や明るい場所でパフォーマンスを発揮しやすくなります。

反対に黒色が上位だった場合、あなたの目のタイプは「暗」。曇りや雨の日や薄暗い場所のほうがパフォーマンスを発揮できるといえます。

つまり、勝ち色を知ることは、自分を知ることにつながります。**売れているビジネス本に「勝負をかけるなら天気がいい日に限る」と書いてあったとしても、尊敬する上司に「朝こそ仕事のパフォーマンスを上げる」と諭されたとしても、それが結果につながらないなら、それはあなたの個性に合わないやり方です。**

その手段に固執する必要はありません。

自分の勝ち色を知れば、自分に合ったやり方を導くことができます。そして、パフォーマンスを自在に操る自分を手に入れることができるのです。

あなたの「勝ち色」を見つけよう！

自分の勝ち色を調べる具体的な方法

勝ち色テストをする前に……

勝ち色テストは、次ページからの６色のカラーページを使っておこないます。１色ずつ、カラーページを視界に入れながらテストをして、それぞれのテストのページにある表に結果を書き込み、パフォーマンスが発揮された順に番号をつけましょう。

もっとも高いパフォーマンスが発揮された色があなたの「勝ち色（1COL）」であり、反対にもっともパフォーマンスが低下すると感じた色が「負荷をかける色（6COL）」です。自分の１ＣＯＬがわかったら、カラーページの「勝ち色が示唆する、あなたに必要なもの」を参考にしてください。

【6色カード】赤

赤色が示唆する、あなたに必要なもの

赤色は熟した果実の色で、もっともいい状態を表す色です。
赤色が1COLだった場合、
勝ち色が示唆するあなたのキーワードは「成熟」。
何事にも熱意や情熱をもち、
高いモチベーションを維持しながら
アグレッシブに取り組めば、
唯一無二の個性を発揮でき、
満を持して成功に導かれるでしょう。

【6色カード】青

青色が示唆する、あなたに必要なもの

青色は空や海の色であり、緊張感をゆるめ、
冷静さや落ち着きを表す色です。
青色が１ＣＯＬだった場合、
勝ち色が示唆するあなたのキーワードは「調和」。
鋭いバランス感覚を生かして周囲を見渡しつつ、
こまやかな気配りを忘れずに物事を進めていけば、
多くの人から絶大な信頼を集められるでしょう。

【6色カード】黄色

黄色が示唆する、あなたに必要なもの

黄色はエネルギーに満ちた希望の色。
強烈に輝く太陽のように周囲を照らし、
活性化を高める色です。
黄色が１ＣＯＬだった場合、
勝ち色が示唆するあなたのキーワードは「リーダーシップ」。
行動意欲を高めて持ち前のチャレンジ精神を発揮すれば、
そこに多くの人が集まってくるでしょう。

【6色カード】緑

緑色が示唆する、あなたに必要なもの

緑色は自然のなかに多く介在し、
生命力溢れる豊かさを表す色です。
緑色が１ＣＯＬだった場合、
勝ち色が示唆するあなたのキーワードは「インスピレーション」。
常に自己成長を促し草木が枝葉を伸ばすように
着実に物事をこなしていけば、
やがて誰よりも大きく羽ばたける存在となるでしょう。

【6色カード】白

白色が示唆する、あなたに必要なもの

白色はさまざまな光を包括する色です。
何色にも染まれると同時にあらゆる力を結集させた
大きなパワーを秘めた色。
白色が１ＣＯＬだった場合、
勝ち色が示唆するあなたのキーワードは「改革」。
何事にも初心を忘れず取り組めば、
どんなに窮地でも道は開かれ、力強く前進できるでしょう。

【6色カード】黒

黒色が示唆する、あなたに必要なもの

黒色は太陽が沈んだ後に訪れる静寂の色です。
暗闇のなかではあらゆる神経が研ぎ澄まされ、
ときには未知の能力が引き出されます。
黒色が１ＣＯＬだった場合、
勝ち色が示唆するあなたのキーワードは「超越」。
恐れをもパワーに変換できる特殊能力を育めば、
他を凌駕するパフォーマンスを発揮できるでしょう。

さあ、あなたの「勝ち色」を見つけよう!

いよいよ、あなたの勝ち色を見つけるテストに入りましょう。勝ち色テストで正確な結果を導くには、3人以上でおこなうのがベストです。

1色ごとに、色をもつ人と測定する人に分かれて3人以上でおこなえば、より正確にテストの結果を調べられます。記録(測定値)が同じだった場合は、身体の感覚がよかった色を優先して順位をつけてください。

測定係の人は姿勢や表情にも注目し、どの色が一番身体をスムーズに動かせていたか判断しましょう。2つ以上のテストの結果を照らし合わせると精度は増します。

3人(以上)で調べる方法

「上体そらし」で勝ち色を見つける!

上半身の柔軟性を調べる「上体そらし」によって、勝ち色をテストする方法を紹介します。テストをする人以外に、身体がぶれないように支える人と、メジャーを使って結果を測定する人、最低3人以上でおこないます。

TEST 1

①テストをする人がうつ伏せになって両手を背中で組み、カラーページを視界に入る場所に置きます。

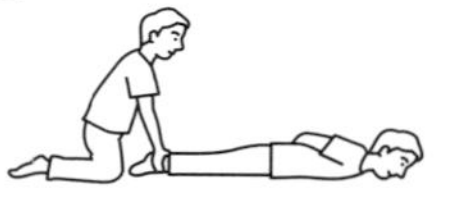

②もう1人がテストをする人の両足を手で押さえて固定します。

③テストをする人が色を見ながら、限界まで上半身を起こします。身体を持ち上げている最中に、色から視線が外れないように注意してください。

④ 結果を測定する人がメジャーを使って床から垂直にあごまでの長さを測り、色ごとの結果と体感のコメントをメモします。

⑤ 残りの5色も①~④と同じ要領でチェックします。

POINT

どのカラーページを見たときにもっともいい記録が出たかをチェックします。一番結果がよくて、なおかつ身体を楽に動かせた色が、あなたの1COLです。反対に、もっとも記録が悪くて、身体のどこかにこわばりやつらさを感じたり、身体を動かしにくいと感じたりした色が、あなたの6COLです。

記入例

	記録は？	身体は？	結果
赤色	62センチ	気持ちよく伸びた	1COL
青色	26センチ	全身が痛く、気力が出なかった	6COL
黄色	50センチ	身体が伸びた	2COL
緑色	40センチ	まあまあ身体は伸びたが、痛みがあった	4COL
白色	35センチ	腰が痛かった	5COL
黒色	45センチ	身体は伸びたが、少々痛みがあった	3COL

あなたの結果を書き込んでみましょう!

	赤色	青色	黄色	緑色	白色	黒色
記録は？	センチ	センチ	センチ	センチ	センチ	センチ
身体は？						
結果	COL	COL	COL	COL	COL	COL

2人で調べる方法

「腕の可動域テスト」で勝ち色を見つける!

「腕の可動域テスト」は、椅子とテーブルがあればどこでも気軽にできるテストです。テストをしない人は、測定係として結果をメモします。

TEST 2

①テストをする人が椅子に座り、テーブルの上にカラーページを置きます。

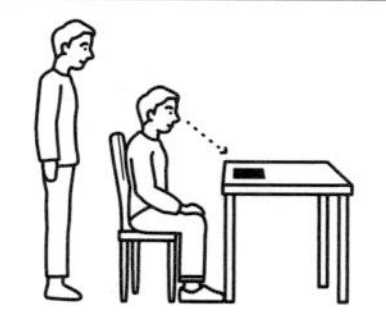

②もう1人はテストをする人の背後に立ちます。

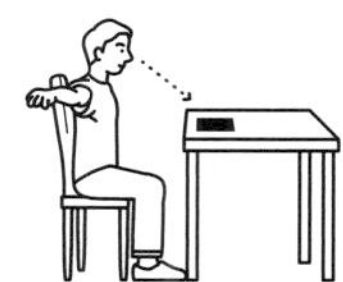

③片腕を床面と平行に上げ、テーブルの上のカラーページを見ながら、手先を限界まで後ろに引き、肩を後ろに「開いて」いきます。

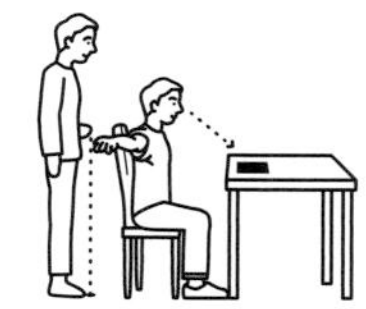

④測定する人は、手先がどの位置まできたか、自分の身体を目印にするなどして測り、表に結果と体感コメントをメモします。

⑤残りの5色も①~④と同じ要領でチェックします。

POINT

もっとも肩がスムーズに開いた色が1COLです。デスクワークやパソコン作業が多い方は、肩まわりが緊張して硬くなりやすいため、どれだけ肩の力を抜けるかがポイントになります。一番身体に負担がなくもっとも腕が伸びた色があなたの1COL。反対に、もっとも結果が悪く腕が伸びなかった色があなたの6COLです。

記入例

	記録は？	身体は？	結果
赤色	40度くらい伸びた	肩が痛かった	4COL
青色	60度くらい伸びた	痛みはほとんどなし	1COL
黄色	45度くらい伸びた	腕全体に痛みがある	3COL
緑色	30度くらい伸びた	肩と首が痛い	6COL
白色	50度くらい伸びた	肩は伸びるが腕が痛い	2COL
黒色	35度くらい伸びた	腕全体に痛みがある	5COL

あなたの結果を書き込んでみましょう!

	赤色	青色	黄色	緑色	白色	黒色
記録は?	度くらい伸びた	度くらい伸びた	度くらい伸びた	度くらい伸びた	度くらい伸びた	度くらい伸びた
身体は?						
結果	COL	COL	COL	COL	COL	COL

「立位体前屈」で勝ち色を見つける!

「立位体前屈」は1人でも簡単にできるやり方で、主に1COLを調べられます。1COL以外も知りたいときは、2人以上でおこなうと、正確な測定によって結果がわかりやすくなります。

TEST 3

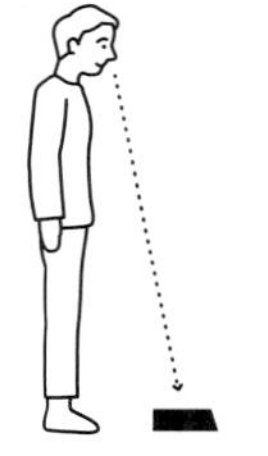

①カラーページを足元に置きます。

②息を大きく吸った後、カラーページを見て、息を吐きながら、ゆっくり身体を曲げます。

③指先をどこまで伸ばせたかチェックします。

④残りの5色も①~③と同じ要領でおこないます。

POINT

もっとも身体が楽に曲がった色があなたの1COLです。床より下に手が届く方は、階段などの段差がある場所でおこなうと、結果がわかりやすくなります。

記入例

	記録は？	身体は？	結果
赤色	4～5センチ	ふとももが痛かった	4COL
青色	手のひらがついた	痛みがわずかにあった	2COL
黄色	10センチ以上	全身が痛い	6COL
緑色	指先が少し床についた	ふとももが痛かった	3COL
白色	手のひらがついた	痛みはなし	1COL
黒色	5センチ以上10センチ未満	全身が痛い	5COL

あなたの結果を書き込んでみましょう!

	記録は?	身体は?	結果
赤色	センチ		COL
青色	センチ		COL
黄色	センチ		COL
緑色	センチ		COL
白色	センチ		COL
黒色	センチ		COL

テストの結果はいかがでしたか？

勝ち色を調べるテストは、紹介した以外にもさまざまな方法があります。

水泳をする方はゴーグルの色を変えてみたり、ジムに通っている方はウォーキングマシーンやエアロバイクを使い視界に入る色を変えながら、パフォーマンスと身体の反応の差を比べてみてください。

ほかにも、片脚立ちや腕相撲など、さまざまな方法で勝ち色を調べることができます。いずれも1色ずつカラーページを見ながらおこない、記録と感覚の違いを比べてみてください。

さて、いよいよ次は最終章です。

勝ち色を操る極意と、日常生活に勝ち色を上手に取り入れる方法について、詳しく説明します。

「勝ち色」を操り、最短で結果を出す

色で人生を好転させる極意

勝ち色を操るための極意①

「勝ち色はワンポイントで取り入れる」

勝ち色を操るための極意、１つ目は「勝ち色はワンポイントで取り入れる」ということです。

よく、自分の勝ち色がわかったからといって、身のまわりの物をすべて勝ち色にしようとする人がいますが、それはお勧めしません。

その理由は、色を感知する視神経の「色順応」という働きに関係しています。

たとえば、赤いレンズの眼鏡をかけたとき、はじめは視界全体が赤く染まり、目の前にある物も赤みを帯びて見えます。しかし、しばらくすると赤色が認識されなくなり、眼鏡をかけていないときと同じ景色だと認識しはじめます。

これは、赤色を感知する錐体細胞の感度が低下するためであり、色順応のいい例といえます。

このように、人の目は周囲の状況に合わせて生体機能を自動調整し、そこに順応させようとする仕組みを備えています。

そして、この仕組みを勝ち色メソッドでは「色が溢(あふ)れる」と表現しています。

「勝ち色はワンポイントで取り入れる」という極意は、この「色が溢れる」という現象を避けることからきています。

また、人の集中力の継続には限界がありますので、もっとも集中力を高める1COLに、常に囲まれていればいいという訳でもありません。

勝ち色の性質をきちんと理解せずに使用すると、勝ち色の効果を期待するどころか、むしろ疲れやすくなってしまいます。

水泳は主にゴーグルに勝ち色を取り入れているとお話ししましたが、じつはゴーグルを1COLにしてしまうと、視界がその色に染まり、色順応の生体機能により色が溢れやすくなってしまう可能性があります。

しかし、私が指導しているトップアスリートたちは、すでにこの「溢れる」という感覚を体感しており、それを防ぐためにさまざまな工夫をしています。

たとえば、パフォーマンスを引き出したい種目のときにだけ、1COLのゴーグルを使用し、それ以外はあえて2COLのゴーグルを使用したり、競技に入る直前までゴーグルを装着しない——など。

彼らは勝ち色の作用を熟知したうえで、パフォーマンスを発揮する際の起爆剤として、勝ち色を上手に操っているのです。

ビジネスでもプライベートでも一緒です。

勝ち色に囲まれすぎて「色が溢れる」状態は避け、ワンポイントだけ入れることで、コントロールしていきましょう。

ワンポイントで取り入れて「色が溢れる」のを防ぐ

場面に合わせてパフォーマンスの出力をコントロールする

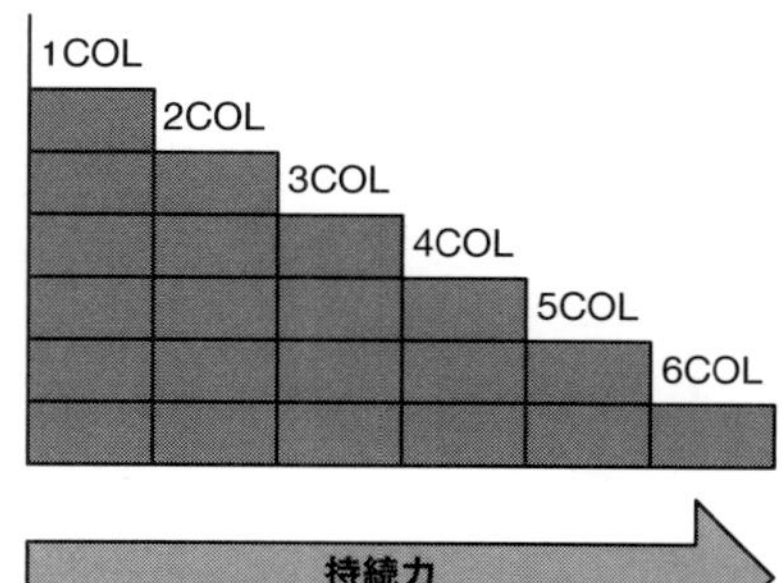

持続力

水泳や短距離など、短い時間に最大のパフォーマンスを発揮したい場合は1COLがもっとも効果的ですが、持続力を維持したいのであれば、2～3COLを取り入れることをおすすめします。

勝ち色を操るための極意②

「ギアチェンジするように6色を操る」

2つ目は「ギアチェンジするように6色を操る」ということです。

勝ち色テストでは、1COLから6COLまで順位をつけましたが、「1COLと6COLだけわかればいいのでは？」と思う人も多いようです。

しかし、1COL、6COL以外の順位を明確にしたことには大きな理由があります。

なぜなら、2COL～5COLの4色にも、それぞれに適した用途があるからです。

では、車のギアチェンジを例に説明したいと思います。

勝ち色のギアチェンジは、次の3段階あることをイメージしてください。

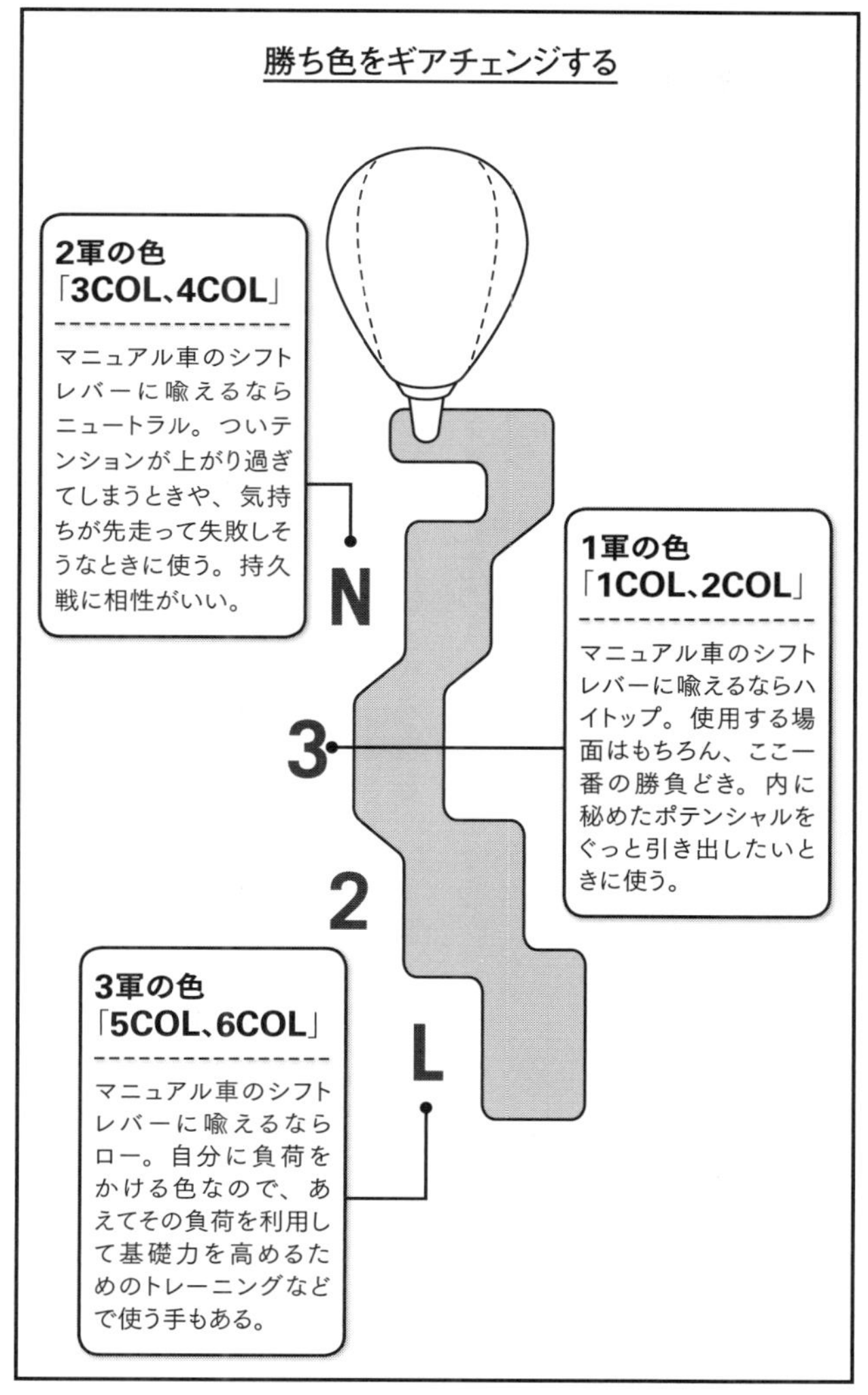
勝ち色をギアチェンジする
2軍の色
「3COL、4COL」
マニュアル車のシフトレバーに喩えるならニュートラル。ついテンションが上がり過ぎてしまうときや、気持ちが先走って失敗しそうなときに使う。持久戦に相性がいい。
N
1軍の色
「1COL、2COL」
マニュアル車のシフトレバーに喩えるならハイトップ。使用する場面はもちろん、ここ一番の勝負どき。内に秘めたポテンシャルをぐっと引き出したいときに使う。
3
2
3軍の色
「5COL、6COL」
マニュアル車のシフトレバーに喩えるならロー。自分に負荷をかける色なので、あえてその負荷を利用して基礎力を高めるためのトレーニングなどで使う手もある。
L

このように、勝ち色には用途に応じた色があります。

そして、そのときどきに必要な用途に合わせた色にチューニングすることができれば、あなたは勝ち色メソッドの上級者といえます。


しかし、自分のワードローブやもっているアイテムを見てみると、結局、自分の好きな色にとらわれ、選ぶ色が偏りがちになっている人が多いと思います。

勝ち色のもつ作用を有効活用したいと思うなら、いままで自分が選ぶことがなかった色も意識してライフスタイルに取り入れてみましょう。

人は誰でも「自分では選ばない色」があるはずです。

そういった色にチャレンジしてみること自体、あなた自身が変わるいいきっかけにもなるのではないでしょうか。

勝ち色を操るための極意③

「相手の心理に合わせ、6色を使い分ける」

3つ目の極意は、「相手の心理に合わせ、6色を使い分ける」です。
勝ち色を相手の心理状態に合わせた色にギアチェンジすれば、相手と良好な関係を築くことができます。この魔法のようなコミュニケーションツールをどう対人関係に取り入れたらいいいか、詳しく説明します。

相手のしぐさや言動を真似ることで、相手に自然と親近感を抱かせる心理テクニックを「ミラーリング」と呼びますが、勝ち色はこのミラーリングの応用が可能です。

たとえば、自分が悩んでいるときや、つらい状況に置かれているとき、目の前の人が妙にハイテンションで楽しそうに話しかけてきたら、あなたはどう思いますか？「こっちの気持ちにもなってくれ」「この人は空気を読めないのか」と、相手にマイナスなイメージを抱くはずです。

人間関係において、相手と良好な関係を築くには、相手の気持ちに寄り添うことが大前提です。だからこそ、相手の心理状態に合わせた色を選ぶ必要があります。

相手が悩んだり落ち込んだりしているときは、自分の勝ち色を自分の視界に入れることは避け、あえて3軍（5COLや6COL）の色を視界に入れてください。

あなたの視界に負荷をかける色が入ると、あなたの言動や行動は自然とクールダウンします。

そして、クールダウンすることで表れる落ち着いた表情が、相手に「共感」や「同調」という感情を抱かせます。すると、相手は徐々にあなたに信頼感を抱き、自然と心を開くことができるのです。

しばらくして、相手に回復の兆しが見えたら、相手の心と身体をさらにリラックスさせるために、今度は相手の勝ち色をさりげなく相手の視界に入れましょう。

食事中であれば、あなたがトイレなどで席を外す際、相手の1COLのハンカチをさりげなく机に置いて席を立ったり、また事前に用意しておいた勝ち色のアイテムをプレゼントしたり——。すると、相手は気持ちが前向きになり、さらに表情も明るくなります。

このように、相手の心理を汲み取り、相手に合わせた6色を使い分けることで、自然と相手に「一緒にいると元気になる」「この人といると落ち着く」という印象を抱かせることができるのです。

シーン別「日常生活で勝ち色を取り入れる」

勝ち色を操る3つの極意を学んだら、いよいよ実践へと進みましょう。

勝ち色は、スポーツや音楽の世界だけでなく、ビジネスシーン、恋愛、家族に向けてなど、日常のあらゆるシーンで活用することができます。

ここでは、勝ち色を日常生活に取り入れる方法をシーン別に紹介します。

「ビジネス」

ビジネスシーンで最高のパフォーマンスを引き出すために、知っておくべき勝ち色の活用法を紹介します。ビジネスを円滑に運ぶため、信頼を獲得するため、勝ち色の効果をプラスすれば「一目置かれる存在」になるはずです。

デスクワークに勝ち色を取り入れる

デスクワークが多い職業の場合、デスクまわりに勝ち色を取り込めば作業効率が格段に上がります。パソコンのディスプレイ枠やマウス、コーヒーカップや文房具なら、すぐにでも勝ち色のアイテムを取り入れることができるでしょう。

また、パソコンのキーボードを勝ち色にするとタイプミスが少なくなったり、ブラインドタッチが上達したりしたという実例もあります。

女性の場合は、キーボードを打つ際に目に入るマニキュアの色を勝ち色にするという方法も効果的です。

プレゼンなどの資料をつくる際も1COLを使うのがベストです。その資料を用いておこなうプレゼンは、必然的に1COLを目にしながら話すことになりますので、間違いなくあなたのパフォーマンスを発揮することができます。

オフィスの明るさに注目する

クリエイティブ関係など、アイデアや発想力を必要とする職業は、オフィスや書斎の照明に注目してください。

勝ち色テストであなたの目のタイプが「暗」だとわかったら、照明の色は光量を絞るなど、明る過ぎない空間をつくりましょう。集中できる空間なら、凝り固まっていた頭が柔軟になり、いままでとは違った角度から物事が見えてきます。

逆に、目のタイプが「明」の人は、目に入る光が刺激となり集中力が高まるので、明るい部屋や日が射し込む部屋、またはオープンカフェなどが相性のいい場所といえるでしょう。

また「今日は調子がいいな」「いつもより作業がサクサク進むな」と思ったときや、成功につながるいいアイデアが浮かんだりしたときは、その場所と明るさをインプッ

トしておくことをお勧めします。そこには、おそらくあなたの勝ち色が存在しているはずです。

就職活動中の人や転職を考えている場合は、オフィスの環境に注目して会社選びをするといいでしょう。あなたのパフォーマンスを発揮できる環境かどうかは、あなたの目のタイプや空間の色で決まっています。

面接などで会社を訪れた際、落ち着く環境であるか、集中できる雰囲気かというアンテナを張り、会社選びのジャッジに役立てましょう。

取引相手の勝ち色を推測する

クライアントや上司、先輩など、ビジネスシーンで顔を合わせる人たちの勝ち色を把握しておけば人間関係はもちろん、自己評価を上げることができます。

そこで「勝ち色テストをせずに、相手の勝ち色を知ることができるの?」と、不思議に思う人のために、相手に気づかれず相手の勝ち色を推測する裏技を紹介したいと思います。

まずは、勝ち色を知りたい相手の「姿勢」に注目してください。

相手が勝ち色を身に着けているかどうかを見分けるには「姿勢」が判断基準となるからです。

普段から勝ち色を身に着けている人は、背筋がピンと伸び、いかにも自信に満ちている印象を与えます。逆に、いつも猫背気味でどこか頼りない印象を与えている人は、自分に負荷を与える色を身に着けている可能性が高いです。

勝ち色を知りたい相手が好んで着ているスーツやネクタイの色と、姿勢の関係性に注目してみましょう。おのずと相手の勝ち色が推測できるはずです。

また、相手の電話やメールのレスポンスから、相手の目のタイプが「明」か「暗」かを推測することができます。

「遅い時間になるとメールの返信が来ない」という人は、昼間に行動する「明」のタ

イプの可能性があり、逆に「遅い時間にメールをするほうが、返信が早い」という人は、夜に効率的に作業が進む人、すなわち「暗」の目のタイプかもしれません。

相手の目のタイプが「明」か「暗」かを推測できたら、商談や打ち合わせの際の照明に生かすことができます。

相手が主導権を握る打ち合わせや商談では、相手の勝ち色にチューニングした場所を選ぶと、相手のパフォーマンスが上がり、スムーズに話が進みます。

このように、勝ち色テストをしなくとも、相手の姿勢や行動に注目することで、相手がどんなタイプなのか推測することができるのです。

これはビジネスシーンだけでなく、恋愛や友達関係でも使える裏技です。ぜひ、さまざまなシーンで活用してみてください。

2軍と3軍の色は、どう使い分けるか

勝ち色メソッドでは、2軍の色（3COL、4COL）は、気持ちが高ぶり過ぎて浮ついていると感じるときに使用するといい色とされています。

たとえば、仕事でいい話が舞い込んできたり、職務のポジションで昇格したりすると、思わず気持ちが浮ついてしまうものです。

舞い降りてきたチャンスをしっかりとモノにしたいなら、あえて2軍の色を使って、自分をいったんニュートラルな状態に戻しましょう。そうすれば、気持ちが先行して空回りしてしまうことなく、着実にチャンスを掴み取ることができます。

3軍の「負荷をかける色」は、自分にストレスを与える色です。

この色は、パフォーマンスの原動力となる基礎力に磨きをかけたいときや、ワークアウトでの使用がお勧めです。また、謝罪やクレーム対応をした後、上司や取引先に反省の色を見せたいときは、あえて3軍の色を身に着けて自分にストレスをかけ、緊張感をまといましょう。

また、後輩や部下とのコミュニケーションにおいても、常に風通しがいい距離感を保つことは大切です。しかし、親しくなり過ぎて後輩や部下の態度に甘えが見られるようになることもあるかもしれません。

もともとあった緊張感を取り戻すために、後輩や部下と2人で会うときは、相手に負荷をかける色（3軍）を身に着けていくといいでしょう。相手はいつも通りのあなたと話しながらも、どこか居心地が悪く、期待していたような空気感を得られず、失っていた緊張感に気づきます。

色のネガティブな作用も、このように自分の味方にして利用すれば、わざわざ苦言を呈さなくても、相手の気を引き締めることができます。

このように、冷静さを失いたくないシーンやあえて緊張感をもちたいというシーンで2軍、3軍の色をうまく取り入れてみましょう。

「恋愛」

パートナーの勝ち色を知っておけば、相手の気持ちに上手に寄り添うことができます。また、相手の気持ちを簡単に操ることすらできてしまいます。

女性の〇〇を見れば、勝ち色がわかる！

恋愛において、勝ち色を上手に取り入れるためには、相手の勝ち色を知っておくことが大前提です。すでに相手とフレンドリーな関係であれば、すぐに勝ち色テストをしてみましょう。しかし、相手と気軽に話せるような間柄ではない場合でも、相手の行動から勝ち色を推測することが可能です。

相手が女性の場合、自分のいる場所が「合わない」と感じているとき、何度も足を組み替える傾向があります。

足を組み替えるという動きは「落ち着かない」という心理状態を示しています。相手の女性が何度も足を組み替え、体勢を変えていたら「その場所が合わない、落ち着かない」と感じている証拠です。

もし、あなたの目当ての女性が同じ空間にいて、何度も足を組み替えていたら、それは「相手の勝ち色を探るチャンス」です。すぐに、その場所が「暗い」か「明るい」か確認しましょう。

暗い場所なら、彼女の目のタイプは「暗」。逆に、明るい場所なら彼女の目のタイプは「明」と推測できます。

それがわかったら、デートに誘うときのお店選びに活かしましょう。

彼女の目のタイプが「明」なら、明るい照明のお店を選びましょう。明るい雰囲気のお店なら、彼女はとてもリラックスすることができます。夜のデートよりも、太陽の光を浴びながらランチデートに誘うと、ぐっと距離が縮まることでしょう。

逆に、彼女の目のタイプが「暗」なら、薄暗い雰囲気のお店を選ぶといいでしょう。間接照明などを使ったおしゃれなレストランやバーなどをチョイスすると、リラックスしながら自然とあなたに心を開いてくれるはずです。

巷に溢れる恋愛本には「恋愛を成就するための会話術」や「心を開かせる相槌の打ち方」など、相手を落とすための会話テクニックが数多く書かれています。

しかし、楽しい会話をするためには、まずは相手を心の底からリラックスさせてあげることが大事だと私は思います。

相手がリラックスできるシチュエーションを用意するためには、相手の勝ち色を知ることが近道です。相手の勝ち色を知らずして、いい恋愛はできないのです。

勝ち色のアイテムをプレゼントする

相手との距離が縮まったら、さっそく勝ち色テストをしてみましょう。

相手の勝ち色を知っておくと、言葉にできない思いを、色を通してシンプルに伝えることができます。

たとえば、相手が疲れていると感じたとき、相手の1COLのアイテムを自分のファッションや小物に取り入れてみましょう。

ネクタイやシャツ、帽子、靴、ハンカチなど、相手の視界にさりげなく勝ち色が入るようにすることで、相手は自然と疲れがとれ、活力も回復します。

しかし、相手の1COLだらけのコーディネートにしてしまうと、色が溢れてしまい、逆に相手を気疲れさせてしまう可能性もあるので気をつけましょう。

「お互い忙しくてなかなか会えない」という場合、相手の仕事が落ち着く日（金曜日や週末など）に到着日時を設定し、相手の1COLのアイテムをプレゼントするというロマンチックな演出も効果的です。

相手の1COLが青色なら、青色のピアス、ストール、表紙が青色の本や文具など。予期せぬプレゼントというサプライズ自体も喜んでくれますし、その色が視界に入ることで元気を与えることができます。**なにより「相手が自分の勝ち色を覚えていてくれた」というだけでもうれしいものですよね。**

このように「相手を喜ばせたい」「元気づけたい」というシーンで勝ち色を利用しない手はありません。

勝ち色が相手と一致しない場合

いくら仲がよくても、相手と自分の勝ち色は必ずしも一致しません。むしろ、長くお付き合いをしているカップルや夫婦のほうが「勝ち色が一致しない」というケースのほうが多いです。

しかし、恋愛や結婚生活は2人で築き上げていくものです。パートナーと2人で困難を乗り越えたり、楽しさや悲しさを共有したりするシーンにおいて、勝ち色が相手と一致しない場合、どのような点に注意をすればいいでしょうか。

何度もお伝えしたとおり、勝ち色は自分の視界に入ることで効果が発揮されますが、裏を返せば、勝ち色が視界に入らなければ効果は発揮されません。

「あなたはデート中、自分のファッションを見ますか？」

そう質問をすると、ほとんどの方が「NO」と答えます。つまり、どんなにおしゃれをしても、常に自分の服を見ている人などいないのです。

それならば、相手がいて成り立つ「恋愛」というシーンでは、相手の勝ち色を知り、自分自身がその色を身に着けてあげましょう。

そうすることで、相手は心からリラックスし2人の時間を楽しんでくれるはずです。相手が楽しいなら、間違いなく自分も楽しいと私は思います。

つまり、2人で楽しい時間を共有したいと思うなら、自分の勝ち色ではなく、相手の勝ち色にギアチェンジすることがポイントです。そうすることで、間違いなく2人の絆はぐっと深まります。

しかし、例外もあります。

「プロポーズをしたい」や「告白したい」というシーンでは、相手の勝ち色ではなく、自分の勝ち色を自分の視界に入れるようにしてください。

勝ち色の作用である「リラックスしながらも、ハイパフォーマンスを発揮できる状

なります。

態」は、プロポーズや告白のシーンに適しており、いい結果が得られる可能性も高く

別れ話には、6COLと1COLを使い分ける

パートナーと別れたいと思っても、自分から言い出すことができず悩んでいる人も多いですよね。そんなシーンでも勝ち色を上手に操ることで、円満に別れる方向にもっていくことが可能です。

そもそも、別れ話はどちらかが別れたい一方、どちらかは別れたくないと意見が割れるからもめるのです。お互いの意見が「別れたい」と一致するなら、相手を傷つけることも、もめることもありません。

そんなときに活用するのが、相手の6COLです。

自分が相手と別れたいと思ったときは、相手の6COLをさりげなく身に着けまし

よう。相手は視界に6COLが入ると「なんだか落ち着かない」と、ネガティブな心理に陥りはじめます。それをしばらく続けると、落ち着かないという感情が「この人といても楽しくない」という感情に変化します。そのようにして、自然と相手の気持ちを徐々に切り離していきます。

そして、相手の気持ちが離れていくのを感じたら、いよいよ別れを切り出すチャンスです。

ここで注意したいのは、別れ話を切り出すときは、相手の6COLではなく、相手の1COLのアイテムを身に着けるということです。

なぜなら、別れのシーンで6COLが視界に入ると、ネガティブな感情が噴き出し、ケンカになる可能性があるからです。

しかし、1COLが視界に入っていれば、相手はリラックスし、落ち着いて別れ話を聞き入れてくれます。

このように、勝ち色の効果を熟知していれば、どんなピンチが訪れようと、自分の思い通りの展開に導くことができるのです。

「家族」

もっとも身近な存在であり、気を使わない間柄だからこそ、勝ち色の効果が面白いほど顕著に表れます。インテリアや趣味のアイテムに勝ち色を取り入れ、ワンランク上のライフスタイルを手に入れましょう。

今日から誰でも簡単に「料理上手」になれる！

明るい場所でパフォーマンスを発揮する人と、暗い場所でパフォーマンスを発揮する人がいるという話をしましたが、その差が顕著に表れる場所のひとつに「キッチン」が挙げられます。

一般的に「キッチンは明るいほうがいい」と思っている方が多いようですが、勝ち色のメソッドからすれば、そのような一般論が万人に通用しないことを、みなさんはすでに理解してくださっていると思います。

以前、主婦の方を対象に「1COLをキッチンに取り入れたらどういう効果があるか」という実験をしました。

1COLが赤色、黄色、青色、緑色の人には、その色のアイテムをキッチンにプラスするように伝え、1COLが白色の人は、なるべくキッチンのライトを明るくし、黒色の人は、最低限の明るさでキッチンに立って料理をするよう指示しました。

1週間後、彼女たちに感想を聞いてみると、ほぼ全員が「料理の味にはっきりと差が出た」とのこと。

1COLを視界に入れたキッチンで料理をすると「普段よりもおいしい」「繊細な味がすると家族に褒められた」という方が9割を超えていました。

勝ち色が視界に入ることで、辛い、甘い、酸っぱいなどの突出した味覚以外の機微な味に対しても味覚が敏感に反応し、それが味に影響を与えたのです。

つまり、「料理の腕を上げたい」と思うなら、高い食材を買う必要も、わざわざ料理教室に通う必要もありません。キッチンに勝ち色をプラスする。ただそれだけで、誰でもすぐに料理上手になることができるのです。

インテリアはおしゃれ重視ではNG！

家はくつろぐための空間であるはずですが、おしゃれを重視するがゆえ「家に帰っても、なぜかくつろげない」と、悩む人もいます。

とくに男性の場合、部屋のインテリアを奥さんの趣味で統一されてしまい、それが落ち着かない原因になっている人もいるのです。

かといって、自分の趣味で埋め尽くされた部屋にいても、満足感は得られますが、くつろげるかといったらそうでもないという人もいます。

しかし、家でくつろげない理由は奥さん好みのインテリアのせいでも、趣味で埋め尽くされている乱雑な部屋のせいでもありません。

その部屋にある「色」が原因なのです。

あなたがくつろげないと感じる場所には、あなたに負荷をかける色が間違いなく存

在しています。

クッションカバーや絵などのワンポイントに、あなたの1COLを取り入れてみましょう。リラックス度がぐんとアップするはずです。

裏を返せば、奥さんの趣味で選んだインテリアでも、そのなかに自分の1COLが入っていれば、間違いなく、くつろぐことができているはずです。

自分の勝ち色を知ったうえで、もう一度、家にある色に注目してみてください。

1日の疲れを確実にとるには

「疲れをとるために、ゆっくりとお湯に浸かりたい」

日本人なら多くの人が「お風呂に入れれば疲れがとれる」と認識しています。

しかし、「温泉は好きだけど、長く浸かることができない」や「温泉にゆっくり浸かっていたらなんだか疲れてしまった」という人も意外に多いようです。

温泉には、冷え性や体質改善などさまざまな効能があり、また、水質により色も多様です。長く温泉に入ると疲れてしまうということは、つまり、そこにも勝ち色の作用が影響していることがわかります。

乳白色や緑色など色味が濃い温泉がありますが、その色味が自分に負荷を与える色である場合、その温泉に入れば入るほど疲労がたまってしまいます。つまり、疲れをとるどころか、むしろ体調不良を起こす原因を自らがつくっているのです。

お湯の色が身体に影響することを知っていれば、自宅で使用する入浴剤に勝ち色のメソッドを生かすことができます。

入浴剤はダイエットやスキンケア、血行促進など、さまざまな用途と色で誰でも気軽に楽しむことができます。だからこそ、勝ち色メソッドに取り入れやすいアイテムです。

「1日の疲れをとりたい」と思ったときこそ、あなたの1COLの入浴剤を使ってみてください。湯あたりもなく、湯の柔らかさも感じられ非常にリラックスできます。

以前、お風呂嫌いな子どもに、その子の1COLの色の入浴剤を入れてみたら、不思議とお風呂好きになり、長く入ってくれるようになったという話を聞きました。

もともとリラックスするための空間であるお風呂に勝ち色をプラスすれば、ワンランク上の癒やしを感じられること間違いありません。

ここまでさまざまなシーンでの勝ち色活用法をお伝えしましたが、いかがだったでしょうか？　そして、自分の勝ち色を知ったうえで、あなたが普段よく目にするアイテムの色をあらためて見回してみてください。あなたの勝ち色（1COL）はどのくらい身近に存在していたでしょうか。

自分が選ぶ色、視界に入る色を変えるということは、とても簡単なことです。しかし、色を変えるというたったそれだけの小さな行動が、あなたとあなたの大切な人たちの人生を変える大きなきっかけとなるでしょう。

だからこそ、勝ち色を上手に扱ってください。そして、いまよりもっと幸せな人生を手に入れましょう。

あとがき

最後までお読みいただき、ありがとうございました。

私が本書を出版したのは、色の感覚刺激が身体機能に影響を及ぼすことが、医学や教育の現場を中心に広く認められはじめたことがきっかけとなりました。

日本臨床スポーツ医学会学術集会の研究報告のなかで、「視覚や味覚の刺激は、傾向はあるものの個人により最大効果をもたらす刺激が異なる。ここに有用な感覚刺激を取り入れたトレーニング方法、調整方法を検討する意義がある」ということが発表されました。

つまり視覚、すなわち色がもたらす身体への作用が、識者の研究により解き明かされたのです。

そういった研究結果をベースにし、私個人が多くの方に協力していただき実験をした結果、色による心理的な作用の信ぴょう性を、身をもって確信しました。

そして、この「勝ち色」による効果をみなさんに知ってもらいたいと考え、本書を出版するはこびとなりました。

私がこの勝ち色メソッドを提唱する理由は、それだけではありません。

近年、ビジネスの現場ではグローバル化が進み、多様な価値観を受け入れる「ダイバーシティマネジメント」の考えが広がりつつあります。

私が提唱する「人にはそれぞれ自分のパフォーマンスを上げる色がある」という考えは、多様化する個性そのものを受け入れることにつながると考えています。

ビジネスに限らず、スポーツや教育の現場でひとつの手段、ひとつの考えに縛られてしまうと、もともともっている個性は失われ、また個人の成長を上手に引き出すことができません。

だからこそ「個」に向き合ってほしい。そう思うことが、多様化する現代にふさわしい人材を育てるきっかけになると考えています。

そして、勝ち色はコミュニケーションにおいても効果を発揮します。

人には誰でも、価値観が合わない人や苦手な人がいると思います。

しかし、相手がどんな人であろうと、自分が相手の勝ち色を身に着けるだけで、なぜかぐっと距離が縮まることがあります。

つまり、自分から相手に寄り添うことで、相手への苦手意識や偏見という壁を打ち砕くことができてしまう――そんなコミュニケーションのノウハウも、この勝ち色メソッドを通して学ぶことができるのです。

これからは間違いなく「個」の時代です。

そして、その「個」の力を引き出すものが「勝ち色」なのです。

もし、あなたがいまパフォーマンスを発揮できずに悩んでいるとしたら、自分自身がもつ「個」の力を知ることができていないだけかもしれません。

しかし、自分の勝ち色を知ったいま、あなたはすでにグレードアップした自分を想像することができているはずです。

そして、それが私の本望であり、これ以上うれしいことはありません。

この本を手に取ってくださった方々と勝ち色との出会いが、素晴らしいものでありますように。

最後に……

「本当のあなたは、もっとすごい！」

庄島義博

【参考文献】

『〝よい色〟の科学―なぜ、その色に決めたのか』近江源太郎・著（日本規格協会）
『ミツバチの不思議』カール・フォン フリッシュ・著／伊藤智夫・訳（法政大学出版局）
『カラー図解でわかる　光と色のしくみ』福江純／粟野諭美／田島由起子・著（ソフトバンククリエイティブ）
『色の力　消費行動から性的欲求まで、人を動かす色の使い方』ジャン＝ガブリエル・コース・著／吉田良子・訳（ＣＣＣメディアハウス）
『光と色彩の科学』齋藤勝裕・著（講談社）

このほか、たくさんの医師や大学教授の先生方にインタビューをさせていただきました。
この場を借りて心から御礼申し上げます。

著者プロフィール

庄島義博（しょうじま・よしひろ）

パーソナルトレーナー。HAS株式会社代表取締役。身体に関わるさまざまなバランス調整を得意とするボディチューニング（身体調整）のスペシャリストとして、ダイエットやボディメイクを指導するとともに、全国各地で後進育成スクール、技術提供セミナー、講演会、国内外で企業研修をおこなう。研修は1年先まで予約でいっぱいなほどの人気ぶりとなる。パーソナルトレーナー歴14年、30000時間を超える指導経験に基づいた「勝ち色メソッド」の考案者。型に当てはめる指導はおこなわず“人は1人として同じではない”という信念のもと、人それぞれの個体差、感覚を最重要視した「その場で変化を体感できる」指導スタイルで、クライアントやトレーナーからも高い評価を受けている。モデルをはじめ、アーティストやタレント、プロスポーツ選手からの信頼も厚く、アスリートのサポートも精力的におこなっている。ポリシーは「身体の声を感じてもらう指導」である。

著書に『あなたの味覚にピタッと合う味ダイエット』（かんき出版）がある。

『一流になりたければ、その「色」を変えなさい。』

ご購入の方限定特典

このたびは本書をご購入いただきありがとうございます。
本紙記載のURL、またはQRコードで移動した先で、メールアドレスとお名前をご登録いただきますと、以下の特典をプレゼント！

特典①

疲労回復させてくれる色のチェック方法（動画）

特典②

実際のスポーツでの事例紹介（PDF）

特典③

チャレンジ！
勝ち色で集中力や計算力チェックアプリ（紹介）

いずれも皆様のお役に立てるものですので、ぜひご登録の上で入手してくださいませ。

特典の受け取りは、
今すぐこちらから！

https://www.agentmail.jp/form/ht/15053/1/

※動画、PDFはWEB上で公開するものであり、DVD、冊子等をお送りするものではございません。あらかじめご了承ください。

一流になりたければ、その「色」を変えなさい。

2019年4月10日　第1刷発行

著　者　　庄島義博

発行人　　櫻井秀勲
発行所　　きずな出版
東京都新宿区白銀町1-13　〒162-0816
電話03-3260-0391　振替00160-2-633551
http://www.kizuna-pub.jp/

印刷・製本　　モリモト印刷

ISBN978-4-86663-070-0

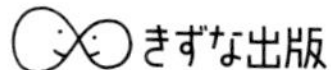

好評既刊

やってはいけない勉強法

やってはいけない勉強法を知り、正しい勉強法に切り替えることで、最速で成績が上がる！勉強法の常識が変わる一冊。

石井貴士

本体価格 1400 円

なぜ、あの人の仕事はいつも早く終わるのか？
最高のパフォーマンスを発揮する「超・集中状態」

世界中から患者が訪れる「歯科医師」。累計 120 万部超の「作家」。スーパーマルチタスクの著者による、圧倒的結果を残すための「集中力」の決定版！

井上裕之

本体価格 1400 円

やる気があふれて、止まらない。
究極のモチベーションをあやつる36の習慣

生保業界において29年間にわたり圧倒的な実績を出し続け、「No.1マネジャー」と呼ばれる著者が贈るあなたの「やる気」を目覚めさせる36のメッセージ！

早川勝

本体価格 1400 円

残業ゼロのノート術

建設会社の総務部長として勤務しながら、5つの副業をこなす著者が教える！誰でも効率的に仕事をこなせるようになる、最強ノート術！

石川和男

本体価格 1400 円

憂鬱な毎日は“いますぐ”やめなさい。

不安、不満、不自由を取り払え！
憂鬱な日々から開放され、やる気と気力と生きがいに溢れた毎日を送るための、25 の方法。

岡崎かつひろ

本体価格 1400 円

※表示価格はすべて税別です

書籍の感想、著者へのメッセージは以下のアドレスにお寄せください
E-mail：39@kizuna-pub.jp

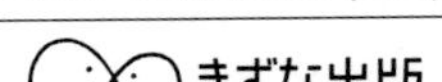

http://www.kizuna-pub.jp